9-95

D0204887

Simone de Beauvoir

La femme rompue

L'âge de discrétion
Monologue

Gallimard

Simone de Beauvoir a écrit des Mémoires où elle nous donne elle-même à connaître sa vie, son œuvre. Quatre volumes ont paru de 1958 à 1972 : *Mémoires d'une jeune fille rangée, La Force de l'âge, La Force des choses, Tout compte fait,* auxquels s'adjoint le récit de 1964 *Une mort très douce.* L'ampleur de l'entreprise autobiographique trouve sa justification, son sens, dans une contradiction essentielle à l'écrivain : choisir lui fut toujours impossible entre le bonheur de vivre et la nécessité d'écrire, d'une part la splendeur contingente, de l'autre la rigueur salvatrice. Faire de sa propre existence l'objet de son écriture, c'était en partie sortir de ce dilemme.

Simone de Beauvoir est née à Paris le 9 janvier 1908. Elle fit ses études jusqu'au baccalauréat dans le très catholique Cours Désir. Agrégée de philosophie en 1929, elle enseigna à Marseille, Rouen et Paris jusqu'en 1943. *Quand prime le spirituel* fut achevé bien avant la guerre de 1939 mais ne paraîtra qu'en 1979. C'est *L'Invitée* (1943) qu'on doit considérer comme son véritable début littéraire. Viennent ensuite *Le sang des autres* (1945); *Tous les hommes sont mortels* (1946); *Les Mandarins,* roman qui lui vaut le prix Goncourt en 1954, *Les Belles Images* (1966) et *La Femme rompue* (1968).

Outre le célèbre *Deuxième Sexe,* paru en 1949, et devenu l'ouvrage de référence du mouvement féministe mondial, l'œuvre théorique de Simone de Beauvoir comprend de nombreux essais philosophiques ou polémiques, *Privilèges,* par exemple (1955), réédité sous le titre du premier article *Faut-il brûler Sade?* et *La Vieillesse* (1970). Elle a écrit, pour le théâtre, *Les Bouches inutiles* (1945) et a raconté certains de ses voyages dans *L'Amérique au jour le jour* (1948) et *La Longue Marche* (1957).

Après la mort de Sartre, Simone de Beauvoir a publié *La Cérémonie des adieux* en 1981, et les *Lettres au Castor* (1983) qui rassemblent une partie de l'abondante correspondance qu'elle reçut de lui. Jusqu'au jour de sa mort, le 14 avril 1986, elle a collaboré activement à la revue fondée par elle et Sartre, *Les Temps Modernes,* et manifesté sous des formes diverses et innombrables sa solidarité totale avec le féminisme.

L'âge de discrétion

Ma montre est-elle arrêtée? Non. Mais les aiguilles n'ont pas l'air de tourner. Ne pas les regarder. Penser à autre chose, à n'importe quoi : à cette journée derrière moi, tranquille et quotidienne malgré l'agitation de l'attente.

Attendrissement du réveil. André était recroquevillé sur le lit, les yeux bandés, la main appuyée contre le mur, dans un geste enfantin, comme si dans le désarroi du sommeil il avait eu besoin d'éprouver la solidité du monde. Je me suis assise au bord du lit, j'ai posé la main sur son épaule. Il a repoussé son bandeau, un sourire s'est dessiné sur son visage ahuri.

— Il est huit heures.

J'ai installé dans la bibliothèque le plateau du petit déjeuner; j'ai pris un livre reçu la veille et déjà à moitié feuilleté. Quel ennui toutes ces rengaines sur la non-communication! Si on tient à communiquer on y réussit tant bien que mal. Pas avec tout le monde bien sûr, mais avec deux ou trois personnes. Il m'arrive de taire à André des humeurs, des regrets, de menus soucis; sans doute a-t-il lui aussi ses petits secrets, mais en gros nous n'ignorons rien l'un de l'autre. J'ai

versé dans les tasses du thé de Chine très chaud,
très noir. Nous l'avons bu en parcourant notre
courrier; le soleil de juillet entrait à flots dans la
pièce. Combien de fois nous étions-nous assis
face à face à cette petite table, devant des tasses
de thé très noir, très chaud? Et de nouveau demain, dans un an, dans dix ans... Cet instant
avait la douceur d'un souvenir et la gaieté d'une
promesse. Avions-nous trente ans, ou soixante?
Les cheveux d'André ont blanchi de bonne
heure : jadis, cela semblait une coquetterie, cette
neige qui rehaussait la fraîcheur mate de son
teint. C'est encore une coquetterie. La peau a
durci et s'est fendillée, du vieux cuir, mais le sourire de la bouche et des yeux a gardé sa lumière.
Malgré les démentis de l'album de photographies,
sa jeune image se plie à son visage d'aujour-
d'hui : mon regard ne lui connaît pas d'âge. Une
longue vie avec des rires, des larmes, des colères,
des étreintes, des aveux, des silences, des élans,
et il semble parfois que le temps n'ait pas coulé.
L'avenir s'étend encore à l'infini. Il s'est levé :
— Bon travail, m'a-t-il dit.
— Toi aussi : bon travail.
Il n'a pas répondu. Dans ce genre de recherche,
il y a forcément des périodes où on piétine sur
place; il s'y résigne moins aisément qu'autrefois.
J'ai ouvert la fenêtre. Paris sentait l'asphalte
et l'orage, écrasé par la lourde chaleur de l'été.
J'ai suivi des yeux André. C'est peut-être dans
ces instants où je le regarde s'éloigner qu'il
existe pour moi avec la plus bouleversante évidence; la haute silhouette se rapetisse, dessinant
à chaque pas le chemin de son retour; elle dispa-
raît, la rue semble vide mais en vérité c'est un
champ de forces qui le reconduira vers moi

comme à son lieu naturel; cette certitude
m'émeut plus encore que sa présence.

Je suis restée un long moment sur le balcon.
De mon sixième, je découvre un grand morceau
de Paris, l'envol des pigeons au-dessus des toits
d'ardoise, et ces faux pots de fleurs qui sont des
cheminées. Rouges ou jaunes, des grues — cinq,
neuf, dix, j'en compte dix — barrent le ciel de
leurs bras de fer; à droite, mon regard se heurte
à une haute muraille percée de petits trous : un
immeuble neuf; j'aperçois aussi des tours pris-
matiques, gratte-ciel fraîchement bâtis. Depuis
quand le terre-plein du boulevard Edgar-Quinet
est-il devenu un parking? La jeunesse de ce paysage me saute aux yeux : et pourtant je ne me
rappelle pas l'avoir vu autre. J'aimerais contem-
pler côte à côte les deux clichés : avant, après, et
m'étonner de leurs différences. Mais non. Le
monde se crée sous mes yeux dans un éternel
présent; je m'habitue si vite à ses visages qu'il ne
me paraît pas changer.

Sur ma table, les fichiers, le papier blanc m'in-
vitaient à travailler; mais les mots qui dansaient
dans ma tête m'empêchaient de me concentrer.
« Philippe sera là ce soir. » Presque un mois
d'absence. Je suis entrée dans sa chambre où
traînent encore des livres, des papiers, un vieux
pull-over gris, un pyjama violet, cette chambre
que je ne me décide pas à transformer parce que
je n'ai pas le temps, pas l'argent, parce que je ne
veux pas croire que Philippe ait cessé de m'ap-
partenir. Je suis revenue dans la bibliothèque
qu'embaumait un gros bouquet de roses fraîches
et naïves comme des laitues. Je m'étonnais que
cet appartement ait jamais pu me paraître désert. Rien ne manquait. Mon regard se caressait
aux couleurs acides et tendres de coussins épar-

pillés sur les divans; les poupées polonaises, les brigands slovaques, les coqs portugais occupaient sagement leurs places. « Philippe sera là... » Je suis restée désemparée. La tristesse, on peut pleurer. Mais l'impatience de la joie, ce n'est pas facile à conjurer.

J'ai décidé d'aller respirer l'odeur de l'été. Un grand nègre vêtu d'un imperméable bleu électrique et coiffé d'un feutre gris balayait avec nonchalance le trottoir : avant, c'était un Algérien couleur de muraille. Boulevard Edgar-Quinet je me suis mêlée à la cohue des femmes. Comme je ne sors presque plus le matin, le marché me semblait exotique (tant de marchés, le matin, sous tant de ciels). La petite vieille clopinait d'un étal à l'autre, ses mèches bien tirées en arrière, serrant la poignée de son cabas vide. Autrefois je ne me souciais pas des vieillards; je les prenais pour des morts dont les jambes marchent encore; maintenant je les vois : des hommes, des femmes, juste un peu plus âgés que moi. Celle-là je l'avais remarquée le jour où chez le boucher elle avait demandé des déchets pour ses chats. « Pour ses chats! a-t-il dit quand elle a été partie. Elle n'a pas de chat. Elle va se mijoter un de ces pot-au-feu! » Il trouvait ça drôle le boucher. Tout à l'heure elle ramasserait les détritus sous les étals avant que le grand nègre n'ait tout balayé dans le ruisseau. Survivre avec cent quatre-vingts francs par mois : ils sont plus d'un million dans ce cas; et trois autres millions à peine moins déshérités.

J'ai acheté des fruits, des fleurs, j'ai flâné. Etre à la retraite, ça sonne un peu comme être au rebut, le mot me glaçait. L'étendue de mes loisirs m'effrayait. J'avais tort. Le temps m'est un peu trop large aux épaules, mais je m'en arrange. Et quel plaisir de vivre sans consigne, sans contrainte! Parfois, tout de même une stupeur me prend. Je me rappelle mon premier poste, ma première classe, les feuilles mortes qui crissaient sous mes pieds dans l'automne provincial. Alors le jour de la retraite — que séparait de moi un laps de temps deux fois aussi long, ou presque, que ma vie antérieure — me semblait irréel comme la mort même. Et voici un an qu'il est arrivé. J'ai passé d'autres lignes, mais plus floues. Celle-ci a la rigidité d'un rideau de fer.

Je suis rentrée, je me suis assise à ma table : sans travail, même cette joyeuse matinée m'aurait paru fade. Vers treize heures, je me suis arrêtée pour dresser la table dans la cuisine : tout à fait la cuisine de grand-mère, à Milly — je voudrais revoir Milly — avec sa table de ferme, ses bancs, ses cuivres, le plafond aux poutres apparentes; seulement il y a un four à gaz au lieu d'une cuisinière en fonte, et un Frigidaire. (En quelle année les Frigidaires sont-ils apparus en France? J'ai acheté le mien il y a dix ans, mais c'était déjà un article courant. Depuis quand? Avant la guerre? Juste après? Voilà encore une de ces choses dont je ne me souviens plus.)

André est arrivé tard, il m'avait prévenue : au sortir du laboratoire il avait pris part à une réunion sur la force de frappe. J'ai demandé :

— Ça a bien marché?

— Nous avons mis au point un nouveau manifeste. Mais je ne me fais pas d'illusion. Il n'aura pas plus d'écho que les autres. Les Français s'en balancent. De la force de frappe, de la bombe atomique en général, de tout. Quelquefois j'ai envie de foutre le camp ailleurs : à Cuba, au Mali. Non sérieusement, j'y rêve. Là-bas on peut peut-être se rendre utile.

— Tu ne pourrais plus travailler.

— Ça ne serait pas un grand malheur.

J'ai posé sur la table la salade, le jambon, le fromage, les fruits.

— Tu es si découragé que ça? Ce n'est pas la première fois que vous tournez en rond.

— Non.

— Alors?

— Tu ne veux pas comprendre.

Il me répète souvent qu'à présent toutes les idées neuves viennent de ses collaborateurs, qu'il est trop âgé pour inventer : je ne le crois pas.

— Ah! je vois ce que tu penses, ai-je dit. Je n'y crois pas.

— Tu as tort. Ma dernière idée, je l'ai eue il y a quinze ans.

Quinze ans. Aucune des périodes creuses qu'il a traversées n'a duré aussi longtemps. Mais au point où il en est arrivé sans doute a-t-il besoin de cette pause pour retrouver une inspiration neuve. Je pense aux vers de Valéry :

> *Chaque atome de silence*
> *Est la chance d'un fruit mûr.*

De cette lente gestation, des fruits inespérés vont naître. Elle n'est pas terminée, cette aventure à laquelle j'ai passionnément participé : le doute, l'échec, l'ennui des piétinements, puis une lumière entrevue, un espoir, une hypothèse confirmée; après des semaines et des mois de patience anxieuse, l'ivresse de la réussite. Je ne comprenais pas grand-chose aux travaux d'André mais ma confiance têtue fortifiait la sienne. Elle demeure intacte. Pourquoi ne puis-je plus la lui communiquer? Je me refuse à croire que plus

jamais je ne verrai briller dans ses yeux la joie
fiévreuse de la découverte.

J'ai dit :

— Rien ne prouve que tu n'auras pas un second souffle.

— Non. A mon âge on a des habitudes d'esprit
qui freinent l'invention. Et d'année en année je
deviens plus ignorant.

— Nous en reparlerons dans dix ans. Tu feras
peut-être ta plus grande découverte à soixante-
dix ans.

— C'est bien ton optimisme : je te garantis
que non.

— C'est bien ton pessimisme !

Nous avons ri. Pourtant il n'y a pas de quoi
rire. Le défaitisme d'André n'est pas fondé, pour
une fois il manque de rigueur. Oui, Freud a écrit
dans ses lettres qu'à un certain âge on n'invente
plus rien et que c'est désolant. Mais il était
alors beaucoup plus vieux qu'André. N'empêche :
injustifiée, cette morosité ne m'en attriste pas
moins. Si André s'y abandonne c'est que d'une
manière générale il est en crise. J'en suis surprise, mais le fait est qu'il ne se résigne pas à
avoir dépassé soixante ans. Moi mille choses
m'amusent encore; lui non. Jadis il s'intéressait à
tout; maintenant c'est toute une affaire de le
traîner à un film, à une exposition, chez des
amis.

— Quel dommage que tu n'aimes plus te promener, ai-je dit. Les journées sont si belles ! Je
pensais tout à l'heure que j'aurais aimé retourner à Milly, et dans la forêt de Fontainebleau.

— Tu es étonnante, m'a-t-il dit avec un sourire. Tu connais toute l'Europe, et tu voudrais
revoir les environs de Paris !

— Pourquoi pas ? la collégiale de Champeaux

n'est pas moins belle parce que je suis montée
sur l'Acropole.

— Soit. Dès que le laboratoire sera fermé
dans quatre ou cinq jours, je te promets une
grande balade en auto.

Nous aurions le temps d'en faire plus d'une,
puisque nous restons à Paris jusqu'au début
d'août. Mais en aura-t-il envie? J'ai demandé :

— Demain c'est dimanche. Tu n'es pas libre?

— Non hélas! tu sais bien, il y a cette confé-
rence de presse, le soir, sur l'apartheid. Ils m'ont
apporté une masse de documents que je n'ai pas
encore regardés.

Prisonniers politiques espagnols, détenus portugais, Iraniens persécutés, rebelles congolais,
angolais, camerounais, maquisards vénézuéliens,
péruviens, colombiens, il est toujours prêt à les
aider dans la mesure de ses forces. Réunions,
manifestes, meetings, tracts, délégations, rien ne
le rebute.

— Tu en fais trop.

— Pourquoi trop? Que faire d'autre?

Que faire quand le monde s'est décoloré? Il ne
reste qu'à tuer le temps. Moi aussi j'ai traversé
une mauvaise période, il y a dix ans. J'étais dé-
goûtée de mon corps, Philippe était devenu un
adulte, après le succès de mon livre sur Rousseau je me sentais vidée. Vieillir m'angoissait. Et
puis j'ai entrepris une étude sur Montesquieu,
j'ai réussi à faire passer l'agrégation à Philippe,
à lui faire commencer une thèse. On m'a confié
des cours en Sorbonne qui m'ont intéressée plus
encore que ma khâgne. Je me suis résignée à mon
corps. Il m'a semblé que je ressuscitais. Et aujourd'hui, si André n'avait pas de son âge une
conscience aussi aiguë, j'oublierais facilement le
mien.

Il est reparti, et je suis encore restée un long moment sur le balcon. J'ai regardé tourner sur le fond bleu du ciel une grue couleur de minium. J'ai suivi des yeux un insecte noir qui traçait dans l'azur un large sillon écumeux et glacé. La perpétuelle jeunesse du monde me tient en haleine. Des choses que j'aimais ont disparu. Beaucoup d'autres m'ont été données. Hier soir, je remontais le boulevard Raspail et le ciel était cramoisi; il me semblait marcher sur une planète étrangère où l'herbe aurait été violette, la terre bleue : les arbres cachaient le rougeoiement d'une enseigne au néon. Andersen s'émerveillait, à soixante ans, de traverser la Suède en moins de vingt-quatre heures alors que dans sa jeunesse le voyage durait une semaine. J'ai connu de semblables éblouissements : Moscou à trois heures et demie de Paris !

Un taxi m'a conduite au parc Montsouris où j'avais rendez-vous avec Martine. En entrant dans le jardin, l'odeur d'herbe coupée m'a prise au cœur : odeur des alpages où je marchais, sac au dos, avec André, si émouvante d'être l'odeur des prairies de mon enfance. Reflets, échos, se renvoyant à l'infini : j'ai découvert la douceur d'avoir derrière moi un long passé. Je n'ai pas le temps de me le raconter, mais souvent à l'improviste je l'aperçois en transparence au fond du moment présent; il lui donne sa couleur, sa lumière comme les roches ou les sables se reflètent dans le chatoiement de la mer. Autrefois je me berçais de projets, de promesses; maintenant, l'ombre des jours défunts veloute mes émotions, mes plaisirs.

— Bonjour.

A la terrasse du café-restaurant, Martine buvait un citron pressé. D'épais cheveux noirs, des

yeux bleus, une courte robe aux rayures orange
et jaunes, avec un soupçon de violet : une belle
jeune femme. Quarante ans. J'avais souri, à
trente ans, quand le père d'André avait traité
de « belle jeune femme » une quadragénaire; et
les mêmes mots me venaient aux lèvres à propos
de Martine. Presque tout le monde me paraît
jeune, à présent. Elle m'a souri :

— Vous m'avez apporté votre livre?

— Bien sûr.

Elle a regardé la dédicace :

— Merci, m'a-t-elle dit d'une voix émue. Elle
a ajouté : — J'ai tellement hâte de le lire. Mais
cette fin d'année scolaire est chargée. Il faudra
que j'attende le 14 juillet.

— Je voudrais bien connaître votre avis.

J'ai grande confiance dans son jugement :
c'est-à-dire que nous sommes presque toujours
d'accord. Je me sentirais tout à fait de plain-pied
avec elle si elle ne conservait pas à mon égard un
peu de la vieille déférence d'élève à professeur,
bien qu'elle soit professeur elle-même, mariée et
mère de famille.

— C'est difficile d'enseigner la littérature aujourd'hui. Sans vos livres je ne saurais vraiment
pas comment m'y prendre. Elle m'a demandé
timidement : — Vous êtes contente de celui-ci?

Je lui ai souri :

— Franchement oui.

Une interrogation demeurait dans ses yeux
sans qu'elle osât la formuler. J'ai pris les de-
vants. Ses silences m'encouragent à parler plus
que bien des questions étourdies :

— Vous savez ce que j'ai voulu faire : à partir
d'une réflexion sur les œuvres critiques parues
depuis la guerre, proposer une méthode nouvelle
qui permette de pénétrer dans l'œuvre d'un

auteur plus exactement qu'on ne l'a jamais fait. J'espère que j'ai réussi.

C'était plus qu'un espoir : une conviction. Elle m'ensoleillait le cœur. La belle journée et j'aimais ces arbres, ces pelouses, ces allées où si souvent je m'étais promenée avec des camarades, des amis. Certains sont morts, ou nos vies nous ont éloignés. Par bonheur, contrairement à André qui ne voit plus personne, je me suis liée avec des élèves et de jeunes collègues; je les préfère aux femmes de mon âge. Leur curiosité vivifie la mienne; elles m'entraînent dans leur avenir, par-delà ma tombe.

Martine a caressé le volume du plat de la main.

— Je vais tout de même y jeter un coup d'œil ce soir même. Quelqu'un l'a lu?

— Seulement André. Mais la littérature, ça ne le passionne pas.

Plus rien ne le passionne. Et il est aussi défaitiste, pour moi que pour lui. Sans me le dire, il est au fond convaincu que ce que je ferai désormais n'ajoutera rien à ma réputation. Ça ne me trouble pas parce que je sais qu'il se trompe. Je viens d'écrire mon meilleur livre et le second tome ira encore plus loin.

— Votre fils?

— Je lui ai remis un paquet d'épreuves. Il va m'en parler : il rentre ce soir.

Nous avons parlé de Philippe, de sa thèse, de littérature. Comme moi elle aime les mots et les gens qui savent s'en servir. Seulement elle se laisse dévorer par son métier et son foyer. Elle m'a raccompagnée chez moi dans sa petite Austin.

— Vous revenez bientôt à Paris?

— Je ne pense pas. De Nancy j'irai directement me reposer dans l'Yonne.

— Vous travaillerez un peu pendant les vacances?

— Je voudrais bien. Mais je suis toujours à court de temps. Je n'ai pas votre énergie.

Ce n'est pas une affaire d'énergie, me suis-je dit en la quittant : je ne pourrais pas vivre sans écrire. Pourquoi? Et pourquoi me suis-je acharnée à faire de Philippe un intellectuel alors qu'André l'aurait laissé s'engager dans d'autres chemins? Enfant, adolescente, les livres m'ont sauvée du désespoir; cela m'a persuadée que la culture est la plus haute des valeurs et je n'arrive pas à considérer cette conviction d'un œil critique.

Dans la cuisine, Marie-Jeanne s'affairait à préparer le dîner : au menu, les plats préférés de Philippe. J'ai vérifié que tout allait bien, j'ai lu les journaux et j'ai fait des mots croisés difficiles qui m'ont retenue trois quarts d'heure; quelquefois, ça m'amuse de rester longtemps penchée sur une grille où virtuellement les mots sont présents, bien qu'invisibles; pour les faire apparaître, j'use de mon cerveau comme d'un révélateur; il me semble les arracher à l'épaisseur du papier où ils seraient cachés.

La dernière case remplie, j'ai choisi dans ma penderie ma plus jolie robe en foulard gris et rose. A cinquante ans, mes toilettes me semblaient toujours ou trop tristes, ou trop gaies; maintenant, je sais ce qui m'est permis ou défendu, je m'habille sans problème. Sans plaisir non plus. Ce rapport intime, presque tendre, que j'avais autrefois avec mes vêtements a disparu. J'ai tout de même considéré avec satisfaction ma silhouette. C'est Philippe qui m'a dit un jour : « Mais dis donc, tu t'arrondis. » (Il ne semble guère avoir remarqué que j'ai retrouvé ma li-

gne.) Je me suis mise au régime, j'ai acheté une
balance. Je n'imaginais pas autrefois que je me
soucierais jamais de mon poids. Et voilà! Moins
je me reconnais dans mon corps, plus je me sens
obligée de m'en occuper. Il est à ma charge et je
le soigne avec un dévouement ennuyé, comme un
vieil ami un peu disgracié, un peu diminué qui
aurait besoin de moi.

André a apporté une bouteille de Mumm que
j'ai mise à rafraîchir, nous avons un peu bavardé
et il a téléphoné à sa mère. Il le fait souvent. Elle
a bon pied, bon œil; elle milite encore farouche-
ment dans les rangs du P.C.; mais tout de même,
elle a quatre-vingt-quatre ans, elle vit seule dans
sa maison de Villeneuve-lès-Avignon : il s'inquiète un peu pour elle. Il riait au téléphone, je l'entendais s'exclamer, protester mais il se taisait
vite : Manette est volubile dès qu'elle en a l'occasion.

— Qu'est-ce qu'elle a raconté?

— Elle est de plus en plus convaincue que
d'un jour à l'autre cinquante millions de Chinois
vont franchir la frontière russe. Ou alors ils ba-
lanceront une bombe n'importe où pour le plaisir
de faire éclater une guerre mondiale. Elle m'accuse de prendre leur parti : impossible de la
convaincre que non.

— Elle va bien? Elle ne s'ennuie pas?

— Elle sera ravie de nous voir, mais l'ennui,
elle ignore ce que c'est.

Institutrice, trois enfants, la retraite a été pour
elle un bonheur qu'elle n'a pas encore épuisé.
Nous avons parlé d'elle, et des Chinois sur qui
nous sommes, comme tout le monde, si mal ren-
seignés. André a ouvert une revue. Et me voilà
en train de regarder ma montre dont les aiguilles
n'ont pas l'air de tourner.

Soudain il est apparu; chaque fois je suis surprise de retrouver sur son visage, harmonieuse-
ment fondus, les traits si dissemblables de ma
mère et d'André. Il m'a serrée très fort en disant
des mots joyeux et je me suis abandonnée à la
tendresse du veston de flanelle contre ma joue.
Je me suis dégagée pour embrasser Irène; elle
me souriait d'un sourire si glacé que je m'étonnai
de sentir sous mes lèvres une joue douce et
chaude. Irène. Toujours je l'oublie; toujours elle
est là. Blonde, les yeux gris-bleu, la bouche molle,
le menton aigu, et dans son front trop large quelque chose à la fois de vague et de buté. Je l'ai vite
effacée. J'étais seule avec Philippe comme au
temps où je le réveillais chaque matin d'une ca-
resse sur le front.
    — Même pas une goutte de whisky? a
demande André.
    — Merci. Je prendrai un jus de fruit.
    Qu'elle est raisonnable! Habillée, coiffée avec
une raisonnable élégance, le cheveu lisse, une
frange cachant son grand front, maquillage in-
génu, petit tailleur sec. Il m'arrive souvent quand
je feuillette un magazine féminin de me dire :
« Tiens! voilà Irène. » Il m'arrive aussi en la
voyant de mal la reconnaître. « Elle est jolie »,
affirme André. A certains jours je suis d'accord :
délicatesse des oreilles et des narines, tendresse
nacrée de la peau que souligne le bleu sombre
des cils. Mais si elle bouge un peu la tête, le
visage glisse, on n'aperçoit plus que cette bouche,
ce menton. Irène. Pourquoi? Pourquoi Philippe
s'est-il toujours lié avec ce genre de femmes élé-
gantes, distantes, snobs? Sans doute pour se

prouver qu'il pouvait les séduire. Il ne s'attachait
pas à elles. Je pensais que s'il s'attachait... Je
pensais qu'il ne s'attacherait pas, et un soir il
m'a dit : « Je vais t'annoncer une grande nouvelle », avec l'air un peu surexcité d'un enfant
qui un jour de fête a trop joué, trop ri, trop crié.
Il y a eu ce coup de gong dans ma poitrine, le
sang à mes joues, toutes mes forces tendues pour
réprimer le tremblement de mes lèvres. Un soir
d'hiver, les rideaux tirés, la lumière des lampes
sur l'arc-en-ciel des coussins et ce gouffre d'absence soudain creusé. « Elle te plaira : c'est une
femme qui travaille. » Elle travaille de loin en
loin, comme *script-girl*. Je les connais ces jeunes
femmes « dans le vent ». On a un vague métier,
on prétend se cultiver, faire du sport, bien s'habiller, tenir impeccablement son intérieur, élever
parfaitement ses enfants, mener une vie mondaine, bref réussir sur tous les plans. Et on ne
tient vraiment à rien. Elles me glacent le sang.

Ils étaient partis pour la Sardaigne le jour où
la faculté fermait ses portes, au début de juin.
Pendant que nous dînions à cette table où si souvent j'ai fait manger Philippe (allons, finis ta
soupe; reprends un peu de bœuf; avale quelque
chose avant de partir faire ton cours), nous
avons parlé de leur voyage — beau cadeau de noces offert par les parents d'Irène, ils en ont les
moyens. Elle se taisait beaucoup, comme une
femme intelligente qui sait attendre le moment
de placer une remarque futée et un peu surprenante; de temps en temps elle lâchait une petite
phrase, surprenante — à mon avis du moins —
par sa sottise ou sa banalité.

Nous sommes revenus dans la bibliothèque.
Philippe a jeté un coup d'œil sur ma table.

— Tu as bien travaillé?

— Ça marche. Tu n'as pas eu le temps de lire mes épreuves?

— Non, figure-toi. Je suis désolé.

— Tu liras le livre. J'en ai un exemplaire pour toi.

Sa négligence m'a un peu attristée, mais je n'en ai rien montré. J'ai dit :

— Et toi, maintenant, tu vas te remettre sérieusement à ta thèse?

Il n'a pas répondu. Il a échangé un drôle de regard avec Irène.

— Qu'y a-t-il? Vous repartez en voyage?

— Non. De nouveau un silence et il a dit avec un peu d'humeur : — Ah! tu vas être fâchée, vous allez me blâmer mais j'ai pris une décision, pendant ce mois. C'est trop lourd à concilier un poste d'assistant et une thèse. Or, sans thèse, l'Université ne m'offre pas d'avenir intéressant. Je vais la quitter.

— Qu'est-ce que tu racontes?

— Je vais quitter l'Université. Je suis encore assez jeune pour m'orienter autrement.

— Mais ce n'est pas possible. Au point où tu en es arrivé, tu ne vas pas lâcher prise, ai-je dit avec indignation.

— Comprends-moi. Autrefois le professorat était un métier en or. Maintenant je ne suis pas le seul à trouver impossible de m'occuper de mes étudiants et de travailler pour moi : ils sont trop nombreux.

— Ça c'est vrai, a dit André. Trente élèves, c'est trente fois un élève. Cinquante c'est une cohue. Mais on peut sûrement trouver un biais qui te permette d'avoir plus de temps à toi et de finir ta thèse.

— Non, a dit Irène d'un ton tranchant. L'enseignement, la recherche, c'est vraiment trop mal

payé. J'ai un cousin chimiste. Au C.N.R.S. il ga-
gnait huit cents francs par mois. Il est entré dans
une usine de colorants : il s'en fait trois mille.

— Ce n'est pas seulement une question d'argent, a dit Philippe.

— Bien entendu. Ce qui compte aussi c'est
d'être dans le coup.

En petites phrases mesurées, elle a laissé entendre ce qu'elle pensait de nous. Oh! elle l'a fait
avec tact : ce tact qu'on sent venir de si loin. (Je
ne veux surtout pas vous blesser, ne m'en veuil-
lez pas, ça serait injuste, il y a tout de même des
choses qu'il faut vous dire et si je ne me conte-
nais pas j'en dirais bien davantage.) André est
un grand savant bien sûr et pour une femme je
n'ai pas mal réussi. Mais nous vivons, coupés du
monde, dans des laboratoires et des bibliothè-
ques. La jeune génération d'intellectuels veut
être en prise directe sur la société. Philippe avec
son dynamisme n'est pas fait pour notre genre de
vie; il y a d'autres carrières où il donnerait beaucoup mieux sa mesure.

— Enfin, c'est périmé, une thèse, a-t-elle con-
clu. Pourquoi profère-t-elle parfois de telles énormités?

Elle n'est pas stupide à ce point-là, Irène. Elle
existe, elle compte, elle a annulé la victoire que
j'avais remportée avec Philippe, contre lui, pour
lui. Un long combat, si dur pour moi, parfois.
« Je n'arrive pas à faire cette dissertation, j'ai
mal à la tête, donne-moi un mot disant que je
suis malade. — Non. » Le tendre visage d'adolescent se crispait, vieillissait, les yeux verts m'assassinaient : « Tu n'es pas gentille. » André in-
tervenait. « Pour une fois... — Non. » Ma détresse
en Hollande pendant ces vacances de Pâques où
nous avons laissé Philippe à Paris. « Je ne veux

pas que ton diplôme soit bâclé. » Et il avait crié
avec haine : « Ne m'emmenez pas, je m'en
fous, je n'écrirai pas une ligne. » Et puis ses succès, notre entente. Notre entente qu'Irène est en
train de briser. Elle me l'arrache pour la seconde
fois. Je ne voulais pas exploser devant elle, je me
suis maîtrisée.

— Alors, qu'as-tu l'intention de faire?

Irène allait répondre, Philippe l'a coupée.

— Le père d'Irène a différentes choses en vue.

— De quel ordre? Dans les affaires?

— C'est encore vague.

— Tu en as parlé avec lui avant ton voyage.
Pourquoi ne nous as-tu rien dit à nous?

— Je voulais réfléchir.

J'ai eu un sursaut de colère; c'était inconce-
vable qu'il ne m'ait pas consultée dès que l'idée
de quitter l'Université avait germé dans sa tête.

— Naturellement vous me blâmez, a dit Philippe d'un air irrité.

Le vert de ses yeux prenait cette couleur d'orage que je connais bien.

— Non, a dit André. Il faut faire ce qu'on a
envie de faire.

— Toi, tu me blâmes?

— Gagner de l'argent ne me semble pas un but
exaltant. Je suis étonnée.

— Je t'ai dit qu'il ne s'agissait pas seulement
d'argent.

— De quoi au juste? Précise.

— Je ne peux pas. Il faut que je revoie mon
beau-père. Mais je n'accepterai ce qu'il me pro-
posera que si j'y trouve de l'intérêt.

J'ai encore un peu discuté, le plus calmement
possible, essayant de le convaincre de la valeur
de sa thèse, lui rappelant d'anciens projets d'essais, d'études. Il répondait poliment, mais mes

paroles glissaient sur lui. Non, il ne m'appartenait plus, plus du tout. Même son aspect physique avait changé : une autre coupe de cheveux,
des vêtements plus à la page, le style XVI° arron-
dissement. C'est moi qui ai façonné sa vie. Maintenant j'y assiste du dehors, en témoin distant.
C'est le sort commun à toutes les mères : mais
qui s'est jamais consolé en se disant que son sort
est le sort commun?

André a attendu l'ascenseur avec eux et je me
suis affalée sur le divan. Ce vide, de nouveau...
Le bien-être de cette journée, cette plénitude au
cœur de l'absence ce n'était que la certitude
d'avoir Philippe ici, pour quelques heures. Je
l'avais attendu comme s'il revenait pour ne pas
repartir : il repartira toujours. Et notre rupture
est bien plus définitive que je ne l'avais supposé.
Je ne participerai plus à son travail, nous n'aurons plus les mêmes intérêts. Est-ce que l'argent
compte à ce point pour lui? Ou ne fait-il que céder à Irène? L'aime-t-il tant? Il faudrait connaître leurs nuits. Sans doute sait-elle combler à la
fois son corps et son orgueil : sous ses dehors
mondains, je l'imagine capable de déchaîne-
ments. Ce lien que crée dans un couple le bonheur physique, j'ai tendance à en sous-estimer
l'importance. La sexualité pour moi n'existe plus.
J'appelais sérénité cette indifférence; soudain je
l'ai comprise autrement : c'est une infirmité,
c'est la perte d'un sens; elle me rend aveugle aux
besoins, aux douleurs, aux joies de ceux qui le
possèdent. Il me semble ne plus rien savoir de
Philippe. Une seule chose est sûre : combien il va
me manquer! C'est peut-être grâce à lui que je
m'accommodais à peu près de mon âge. Il m'en-
traînait dans sa jeunesse. Il m'emmenait aux
Vingt-quatre Heures du Mans, aux expositions

d'op-art, et même un soir à un happening. Sa présence agitée, inventive, remplissait la maison. M'accoutumerai-je à ce silence, à la sage coulée des jours que ne brisera plus aucun imprévu?

J'ai demandé à André :

— Pourquoi ne m'as-tu pas aidée à raisonner Philippe? Tu as cédé tout de suite. A nous deux, nous l'aurions peut-être convaincu.

— Il faut laisser les gens libres. Il n'a jamais eu tellement envie d'être professeur.

— Mais sa thèse l'intéressait.

— Jusqu'à un certain point, très incertain. Je le comprends.

— Tu comprends tout le monde.

Autrefois André était aussi intransigeant pour les autres que pour lui-même. Maintenant, ses positions politiques n'ont pas fléchi mais dans sa vie privée il ne réserve qu'à lui sa sévérité; il excuse, il explique, il accepte les gens. Au point parfois de m'exaspérer. J'ai repris :

— Tu trouves que gagner de l'argent est un but suffisant dans la vie?

— Je ne sais pas trop quels ont été nos buts ni s'ils étaient suffisants.

Pensait-il ce qu'il disait ou s'amusait-il à me provoquer? Ça lui arrive quand il me trouve trop butée dans mes convictions et mes principes. En général, je le laisse de bonne grâce me taquiner, j'entre dans le jeu. Mais cette fois je n'étais pas d'humeur à plaisanter. Ma voix s'est montée :

— Pourquoi avons-nous vécu comme nous l'avons fait si tu trouves aussi bien de vivre autrement?

— Parce que *nous* n'aurions pas pu.

— Nous n'aurions pas pu parce que c'est notre genre de vie qui nous semblait valable.

— Non. Pour moi, connaître, découvrir, c'était une manie, une passion, ou même une espèce de névrose, sans aucune justification morale. Je n'ai jamais pensé que tout le monde devait m'imiter.

Moi je pense au fond que tout le monde devrait nous imiter, mais je n'ai pas voulu en discuter. J'ai dit :

— Il ne s'agit pas de tout le monde, mais de Philippe. Il va devenir un affairiste; ce n'est pas pour ça que je l'ai élevé.

André réfléchissait :

— C'est gênant pour un jeune homme d'avoir des parents qui ont trop bien réussi. Il n'ose pas croire qu'en marchant sur leurs traces il les égalera. Il préfère miser sur d'autres tableaux.

— Philippe démarrait très bien.

— Tu l'aidais, il travaillait dans ton ombre. Franchement, sans toi il n'aurait pas été loin et il est assez perspicace pour s'en rendre compte.

Il y avait toujours eu cette sourde opposition entre nous, à propos de Philippe. Peut-être André avait-il été dépité qu'il eût choisi les lettres et non les sciences; ou c'était la classique rivalité père-fils qui jouait : il avait toujours tenu Philippe pour un médiocre, ce qui était une manière de l'aiguiller vers la médiocrité.

— Je sais, ai-je dit. Tu ne lui as jamais fait confiance. Et s'il doute de lui c'est qu'il se voit par tes yeux.

— Peut-être, a dit André d'un ton conciliant.

— De toute façon, la grande responsable c'est Irène. C'est elle qui le pousse. Elle a envie que son mari gagne gros. Et elle est trop contente de l'éloigner de moi.

— Ah! ne joue pas à la belle-mère. Irène en vaut bien une autre.

— Quelle autre? Elle a dit des énormités.

— Ça lui arrive. Mais quelquefois elle est maligne. C'est signe d'un déséquilibre affectif plutôt que d'un manque d'intelligence. D'autre part si elle tenait avant tout à l'argent, elle n'aurait pas épousé Philippe qui n'est pas riche.

— Elle a compris qu'il pourrait le devenir.

— En tout cas elle l'a choisi plutôt qu'un quelconque petit snob.

— Si elle te plaît, tant mieux pour toi.

— Quand on tient à quelqu'un, on doit faire un peu de crédit aux gens qu'il aime.

— C'est vrai, ai-je dit. Mais Irène me décourage.

— Il faut voir de quel milieu elle sort.

— Elle n'en sort guère, malheureusement.

Ces gros bourgeois pourris de fric, influents, importants me semblent encore plus détestables que le milieu frivole et mondain contre lequel ma jeunesse s'est insurgée.

Pendant un moment nous avons gardé le silence. Derrière la vitre, l'enseigne au néon sautait du rouge au vert, les yeux de la grande muraille brillaient. Une belle nuit. Je serais descendue avec Philippe prendre un dernier verre à une terrasse... Inutile de suggérer à André de venir faire un tour, il commençait visiblement à avoir sommeil. J'ai dit :

— Je me demande pourquoi Philippe l'a épousée.

— Oh! tu sais, du dehors, on ne comprend jamais ces choses-là.

Il avait répondu d'un air indifférent. Son visage s'était affaissé, il appuyait son doigt contre sa joue à la hauteur de sa gencive : un tic qu'il avait contracté depuis quelque temps.

— Tu a mal aux dents?

— Non.

— Alors pourquoi te tripotes-tu la gencive?

— Je vérifie que je n'ai pas mal.

L'année passée, il se prenait le pouls toutes les dix minutes. C'est vrai qu'il avait eu un peu d'hypertension mais un traitement l'a stabilisé à 17, ce qui est parfait pour notre âge. Il gardait le doigt pressé contre sa joue, ses yeux étaient vides, il jouait au vieillard, il allait finir par me convaincre qu'il en était un. Un instant j'ai pensé avec horreur : « Philippe est parti et je vais finir ma vie avec un vieillard! » J'ai eu envie de crier : « Arrête je ne veux pas. » Comme s'il m'avait entendue, il m'a souri, il est redevenu lui-même et nous avons été dormir.

Il dort encore; je vais le réveiller, nous boirons du thé de Chine très noir, très fort. Mais ce matin ne ressemble pas à celui d'hier. Il me faut réapprendre que j'ai perdu Philippe. Je devrais le savoir. Il m'a quittée dès l'instant où il m'a annoncé son mariage; dès sa naissance : une nourrice aurait pu me remplacer. Qu'est-ce que j'ai imaginé? Parce qu'il était exigeant je me suis crue indispensable. Parce qu'il se laisse facilement influencer j'ai cru l'avoir créé à mon image. Cette année, quand je le voyais avec Irène ou dans sa belle-famille, si différent de ce qu'il est avec moi, il me semblait qu'il se prêtait à un jeu : sa vérité, c'était moi qui la détenais. Et il choisit de s'éloigner de moi, de briser nos complicités, de refuser la vie qu'au prix de tant d'efforts je lui avais bâtie. Il deviendra un étranger.

Allons! moi qu'André accuse souvent d'optimisme aveugle, peut-être suis-je en train de me tourmenter pour rien. Je ne pense tout de même pas qu'en dehors de l'Université il n'y a pas de salut, ni que faire une thèse soit un impératif absolu. Philippe a dit qu'il n'accepterait qu'un

travail intéressant... Mais je me méfie des situa-
tions que le père d'Irène peut lui offrir. Je me
méfie de Philippe. Ça lui est arrivé souvent de me
dissimuler des choses, ou de me mentir, je connais ses défauts, j'en ai pris mon parti et même
ils m'émeuvent comme le ferait une disgrâce
physique. Mais cette fois je suis indignée qu'il ne
m'ait pas tenue au courant de ses projets. Indignée et anxieuse. Jusqu'ici, quand il me faisait
de la peine, il savait toujours m'en consoler : je
ne suis pas sûre que cette fois il y réussisse.

Pourquoi André était-il en retard? J'avais travaillé quatre heures d'affilée, ma tête était lourde, je me suis étendue sur le divan. En trois
jours, Philippe ne m'avait pas donné signe de
vie; ce n'est pas dans ses habitudes; son silence
m'étonnait d'autant plus que lorsqu'il craint de
m'avoir blessée il multiplie les coups de téléphone et les petits mots. Je ne comprenais pas,
j'avais le cœur lourd et ma tristesse faisait tache
d'huile; elle assombrissait le monde qui lui four-
nissait en retour des aliments. André. Il devenait de plus en plus maussade. Vatrin était le
seul ami qu'il consentît encore à voir et il avait
été fâché que je l'invite à déjeuner : « Il m'ennuie. » Tout le monde l'ennuyait. Et moi? Il
m'avait dit, voilà très, très longtemps : « Du
moment que je t'ai, je ne pourrai jamais être
malheureux. » Et il n'avait pas l'air heureux. Il
ne m'aimait plus comme autrefois. Qu'était-ce
qu'aimer, pour lui, aujourd'hui? Il tenait à moi
comme à une vieille habitude mais je ne lui
apportais plus aucune joie. C'était peut-être
injuste mais je lui en voulais : il consentait à
cette indifférence, il s'y installait.

La clé a tourné dans la serrure, il m'a embrassée, il avait l'air préoccupé.

— Je suis en retard.

— Un peu.

— C'est que Philippe est venu me chercher à l'Ecole normale. Nous avons bu un verre ensemble.

— Pourquoi ne l'as-tu pas amené ici?

— Il voulait me parler en particulier. Pour que ce soit moi qui te dise ce qu'il avait à nous dire.

— Qu'est-ce que c'est?

(Il partait pour l'étranger, très loin, pour des années?)

— Ça ne te fera pas plaisir. Il n'a pas osé nous l'avouer l'autre soir mais c'est chose faite. Son beau-père lui a trouvé une situation. Il le fait entrer au ministère de la Culture. A son âge, c'est un poste magnifique m'a-t-il expliqué. Mais tu vois ce que ça suppose.

— C'est impossible. Philippe!

C'était impossible. Il partageait nos idées. Il avait pris de gros risques pendant la guerre d'Algérie — cette guerre qui nous avait ravagés et qui semblait maintenant n'avoir jamais eu lieu; il s'était fait matraquer dans des manifestations antigaullistes; il avait voté comme nous aux dernières élections...

— Il dit qu'il a évolué. Il a compris que le négativisme de la gauche française ne l'avait menée à rien, qu'elle était foutue, qu'il voulait être dans la course, avoir prise sur le monde, agir, construire.

— On croirait entendre Irène.

— Mais c'est Philippe qui parlait, a dit André d'une voix dure.

Brusquement j'ai réalisé. La colère m'a prise.

— Alors quoi? C'est un arriviste? Il retourne sa veste par arrivisme? J'espère que tu l'as engueulé.

— Je lui ai dit que je le désapprouvais.

— Tu n'as pas essayé de le faire changer d'avis?

— Bien sûr que si. J'ai discuté.

— Discuter! Il fallait l'intimider, lui dire que nous ne le reverrions plus. Tu as été trop mou, je te connais.

Soudain ça déferlait sur moi, une avalanche de soupçons, de malaises que j'avais refoulés. Pourquoi n'avait-il jamais eu que des femmes trop bien habillées, huppées, snobs? Pourquoi Irène et ce mariage en grand tralala, à l'église? Pourquoi se montrait-il si empressé, si enjôleur avec sa belle-famille? Il évoluait dans ce milieu comme un poisson dans l'eau. Je n'avais pas voulu me poser de questions, et quand André hasardait une critique je défendais Philippe. Toute cette confiance entêtée se retournait en rancœur. Philippe d'un seul coup avait changé de visage. Un arriviste, un intrigant.

— Moi je vais lui parler.

J'ai marché vers le téléphone. André m'a arrêtée :

— Calme-toi d'abord. Une scène n'arrangera rien.

— Ça me soulagera.

— Je t'en prie.

— Laisse-moi.

J'ai formé le numéro de Philippe.

— Ton père vient de me dire que tu entres dans le cabinet du ministère de la Culture. Félicitations.

— Ah! s'il te plaît, m'a-t-il dit, ne le prends pas sur ce ton-là.

— Et quel ton devrais-je prendre? Je devrais me réjouir quand tu n'oses même pas me parler face à face, tellement tu as honte de toi.

— Je n'ai pas du tout honte. On a le droit de réviser ses opinions.

— Réviser! Il y a six mois tu condamnais radicalement la politique culturelle du régime.

— Eh bien! justement! je vais essayer de la changer.

— Allons donc! Tu ne fais pas le poids et tu le sais. Tu joueras le jeu sagement, tu te ménageras une belle carrière. C'est l'ambition qui te pousse, rien d'autre...

Je ne sais plus ce que je lui ai dit, il criait : « Tais-toi, tais-toi. » Je continuais, il me coupait la parole, sa voix devenait haineuse, il a fini par me dire avec fureur :

— On n'est pas un salaud parce qu'on refuse de partager vos entêtements séniles.

— Ça suffit. Je ne te reverrai pas de ma vie!

J'ai raccroché, je me suis assise, en sueur, tremblante, les jambes brisées. Plus d'une fois nous nous sommes brouillés à mort, mais ce coup-là c'était sérieux : je ne le reverrais plus. Son revirement m'écœurait, et ses mots m'avaient blessée parce qu'ils avaient voulu être blessants.

— Il nous a insultés. Il a parlé de nos entêtements séniles. Je ne le reverrai jamais et je ne veux pas que tu le revoies.

— Tu as été dure toi aussi. Tu n'aurais pas dû te placer sur un terrain passionnel.

— Et pourquoi non? Il n'a tenu aucun compte de nos sentiments; il nous préfère sa carrière, il accepte de la payer d'une rupture...

— Il n'a pas envisagé une rupture. Et d'ailleurs elle n'aura pas lieu, je suis contre.

— En ce qui me concerne c'est fait : tout est
fini entre Philippe et moi.

Je me suis tue; je continuais à trembler de
colère.

— Depuis quelque temps Philippe filait un
drôle de coton, a dit André. Tu ne voulais pas
l'admettre, mais je m'en rendais bien compte.
Tout de même je n'aurais pas cru qu'il en arriverait là.

— C'est un sale petit ambitieux.

— Oui, a dit André d'un ton perplexe. Mais
pourquoi?

— Comment pourquoi?

— Nous le disions l'autre soir : nous avons
sûrement notre part de responsabilité. Il a hésité : — L'ambition, c'est toi qui la lui as insuf-
flée; de lui-même il était plutôt indifférent. Et
sans doute ai-je développé un antagonisme en lui.

— Tout est la faute d'Irène, ai-je dit avec
éclat. S'il ne l'avait pas épousée, s'il n'était pas
entré dans ce milieu, jamais il n'aurait pactisé.

— Mais il l'a épousée, en partie parce que ce
milieu lui en imposait. Voilà longtemps que ses
valeurs ne sont plus les nôtres. J'y vois bien
des raisons...

— Tu ne vas pas le défendre.

— J'essaie de me l'expliquer.

— Aucune explication ne me convaincra. Je
ne le reverrai pas. Je ne veux pas que tu le revoies.

— Ne t'y trompe pas. Je le blâme. Je le blâme
profondément. Mais je le reverrai. Toi aussi.

— Non. Et si tu me lâches, après ce qu'il m'a
dit au téléphone, je t'en voudrai comme jamais
je ne t'en ai voulu. Ne me parle plus de lui.

Mais nous ne pouvions pas non plus parler
d'autre chose. Nous avons dîné presque en si-

lence, très vite, et puis chacun a pris un livre. J'en voulais à Irène, à André, au monde entier. « Nous avons sûrement notre part de responsabilité. » Ah! c'était oiseux de chercher des raisons, des excuses. « Vos entêtements séniles », il m'avait crié ces mots. J'étais si sûre de son amour pour nous, pour moi; en vérité je ne pesais pas lourd; je n'étais rien pour lui, une vieillerie à remiser au magasin des accessoires; je n'avais qu'à l'y reléguer aussi. Toute la nuit, la rancune m'a étouffée. Le matin, une fois André parti, je suis entrée dans la chambre de Philippe, j'ai déchiré, j'ai jeté les vieux journaux, les vieux papiers; j'ai rempli une valise de ses livres; dans une autre j'ai entassé le pull-over, le pyjama, tout ce qui restait dans les placards. Devant les planches nues, des larmes me sont montées aux yeux. Tant de souvenirs émouvants, bouleversants, délicieux se levaient en moi. Je leur tordrais le cou. Il m'avait quittée, trahie, bafouée, insultée. Jamais je ne le lui pardonnerais.

Deux jours se sont écoulés sans que nous parlions de Philippe. Le troisième matin, comme nous examinions notre courrier, j'ai dit à André :

— Une lettre de Philippe.

— Je suppose qu'il s'excuse.

— Il perd son temps. Je ne la lirai pas.

— Oh! regarde-la tout de même. Tu sais comme ça lui coûte de faire les premiers pas. Donne-lui sa chance.

— Pas question.

J'ai plié la lettre dans une enveloppe sur laquelle j'ai écrit l'adresse de Philippe.

— Mets-la dans une boîte, s'il te plaît.

J'avais beaucoup trop facilement cédé à ses beaux sourires, à ses jolies phrases. Cette fois, je ne céderais pas.

Deux jours plus tard, au début de l'après-midi, Irène a sonné.

— Je voudrais vous parler cinq minutes.

Une petite robe très simple, les bras nus, les cheveux flottants : elle avait l'air d'une toute jeune fille, fraîche et timide. Je ne l'avais encore jamais vue dans ce rôle-là. Je l'ai fait entrer. Bien entendu elle venait plaider la cause de Philippe. Le renvoi de sa lettre l'avait navré. Il s'excusait de ce qu'il avait dit au téléphone, il n'en pensait pas un mot, mais je connaissais son caractère, il se mettait vite en colère, alors il disait n'importe quoi, et autant en emportait le vent. Il voulait absolument s'expliquer avec moi.

— Pourquoi n'est-il pas venu lui-même?

— Il avait peur que vous ne lui claquiez la porte au nez.

— C'est en effet ce que j'aurais fait. Je ne veux pas le revoir. Point. Point final.

Elle insistait. Il ne supportait pas que je sois fâchée contre lui, il n'avait pas imaginé que je prendrais les choses tellement à cœur.

— Alors c'est qu'il est devenu idiot; qu'il aille au diable !

— Mais vous ne vous rendez pas compte; papa a réussi pour lui un tour de force; à son âge, un pareil poste, c'est quelque chose de tout à fait exceptionnel. Vous ne pouvez pas exiger qu'il vous sacrifie son avenir.

— Il avait un avenir, propre, conforme à ses idées.

— Excusez-moi : à vos idées. Il a évolué.

— Il évoluera, on connaît la musique; il mettra ses opinions d'accord avec ses intérêts. Pour l'instant il patauge dans la mauvaise foi : il ne pense qu'à réussir. Il se renie et il le sait, c'est ça qui est moche, ai-je dit avec emportement.

Irène m'a dévisagée :

— Je suppose que votre vie a toujours été impeccable, et que ça vous autorise à juger tout le monde, de très haut.

Je me suis raidie :

— J'ai essayé d'être honnête. Je voulais que Philippe le soit. Je regrette que vous l'en ayez détourné.

Elle s'est mise à rire :

— On croirait qu'il est devenu cambrioleur, ou faux-monnayeur.

— Etant donné ses convictions, je ne trouve pas son choix honorable.

Irène s'est levée :

— C'est tout de même drôle, cette sévérité, a-t-elle dit d'une voix lente. Son père qui est politiquement plus engagé que vous n'a pas rompu avec Philippe. Et vous...

Je l'ai coupée :

— Il n'a pas rompu... Vous voulez dire qu'ils se sont revus?

— Je ne sais pas, a-t-elle dit vivement. Je sais qu'il n'avait pas parlé de rompre quand Philippe l'a mis au courant de sa décision.

— C'était avant le coup de téléphone. Mais depuis?

— Je ne sais pas.

— Vous ne savez pas qui Philippe voit et ne voit pas?

Elle a dit d'un air buté :

— Non.

— Soit. C'est sans importance, ai-je dit.

Je l'ai raccompagnée jusqu'à la porte. J'ai repassé dans ma tête nos dernières répliques. S'était-elle coupée par perfidie ou par maladresse? En tout cas ma conviction était faite. Presque faite. Pas assez pour que la colère me délivre. Assez pour que l'angoisse m'étouffe.

Dès qu'André est arrivé, j'ai attaqué :

— Pourquoi ne m'as-tu pas dit que tu avais revu Philippe?

— Qui t'a raconté ça?

— Irène. Elle est venue me demander pourquoi je ne le revois pas puisque toi tu le revois.

— Je t'avais prévenue que je le reverrais.

— Je t'avais prévenu que je t'en voudrais à mort. C'est toi qui l'as persuadé de m'écrire.

— Mais non.

— Bien sûr que si. Tu t'es bien foutu de moi. « Tu sais comme ça lui en coûte de faire les premiers pas. » Et tu les avais faits! En cachette.

— Par rapport à toi, il a fait le premier pas.

— Poussé par toi. Vous avez comploté derrière mon dos. Vous m'avez traitée comme une enfant, comme une malade. Tu n'avais pas le droit.

Il y avait soudain des fumées rouges dans ma tête, un brouillard rouge devant mes yeux, quelque chose de rouge qui criait dans ma gorge. Mes rages contre Philippe me sont familières, je m'y reconnais. Mais André, quand — rarement, très rarement — je me mets en colère contre lui, c'est une tornade qui m'emporte à des milliers de kilomètres de lui et de moi-même dans une solitude à la fois brûlante et glacée.

— Jamais tu ne m'avais menti! C'est la première fois.

— Mettons que j'ai eu tort.

— Tort de revoir Philippe, tort de faire de la complicité contre moi avec lui et Irène, tort de me duper, de me mentir. Ça fait beaucoup de torts.

— Ecoute... Veux-tu m'écouter, calmement.

— Non. Je ne veux plus te parler, je ne veux plus te voir, j'ai besoin d'être seule, je vais prendre l'air.

— Va prendre l'air et tâche de te calmer, m'a-t-il dit sèchement.

Je suis partie dans les rues, j'ai marché comme je l'ai fait souvent pour apaiser des peurs, des colères, pour conjurer des images. Seulement je n'ai plus vingt ans, ni même cinquante, la fatigue m'a prise très vite. Je suis entrée dans un café, j'ai bu un verre de vin, les yeux blessés par la cruelle lumière du néon. Philippe, c'était fini. Marié, passé de l'autre côté. Je n'avais plus qu'André que justement je n'avais pas. Je nous croyais transparents l'un à l'autre, unis, soudés comme des frères siamois. Et il s'était désolidarisé de moi, il m'avait menti : je me retrouvais sur cette banquette, seule. A chaque seconde, évoquant son visage, sa voix, j'attisais une rancune qui me dévastait. Comme dans ces maladies où on forge sa propre souffrance, chaque inspiration vous déchirant les poumons, et cependant vous êtes obligé de respirer.

Je suis repartie, j'ai encore marché. Et alors quoi? me demandais-je, hébétée. Nous n'allions pas nous séparer. Solitaires, nous continuerions à vivre côte à côte. J'enfouirais donc mes griefs, ces griefs que je ne voulais pas oublier. L'idée qu'un jour ma colère m'aurait quittée l'exaspérait.

Quand je suis rentrée, j'ai trouvé un mot sur la table : « J'ai été au cinéma. » J'ai poussé la porte de notre chambre. Sur le lit, il y avait le pyjama d'André, par terre les mocassins qui lui servent de pantoufles, une pipe et un paquet de tabac et ses remèdes contre l'hypertension sur la table de nuit. Pendant un instant il a existé d'une

manière poignante, comme s'il avait été éloigné
de moi par une maladie ou un exil et que je le retrouve dans ces objets abandonnés. Des larmes
me sont venues aux yeux. J'ai avalé un somnifère, je me suis couchée.

Quand je me suis réveillée le matin, il dormait
recroquevillé, la main appuyée contre le mur.
J'ai détourné les yeux. Aucun élan vers lui. Mon
cœur était glacé et morne comme une chapelle
désaffectée où ne rougeoie plus la moindre veil-
leuse. Les pantoufles, la pipe ne m'émouvaient
plus; elles n'évoquaient pas un cher absent; elles
n'étaient qu'un prolongement de cet étranger qui
habitait sous le même toit que moi. Atroce contradiction de la colère née de l'amour et qui tue
l'amour.

Je ne lui ai pas parlé; pendant qu'il buvait son
thé dans la bibliothèque, j'étais dans ma chambre. Il m'a appelée avant de partir, il m'a demandé :

— Tu ne veux pas qu'on s'explique?

— Non.

Il n'y avait rien à expliquer. Cette colère, cette
douleur, ce raidissement de mon cœur, les mots
s'y briseraient.

Toute la journée, j'ai pensé à André et par moments quelque chose vacillait dans ma tête.
Comme lorsqu'on a reçu un choc sur le crâne,
que la vision s'est troublée, qu'on aperçoit du
monde deux images, à des hauteurs différentes,
sans pouvoir situer le dessus et le dessous. Les
deux images que j'avais d'André au passé, au
présent, ne s'ajustaient pas. Il y avait une erreur
quelque part. Cet instant mentait : ce n'était pas
lui, ce n'était pas moi, cette histoire se déroulait
ailleurs. Ou alors le passé était un mirage : je
m'étais trompée sur André. Ni l'un, ni l'autre, me

disais-je, quand de nouveau j'y voyais clair. La
vérité c'est qu'il avait changé. Vieilli. Il n'accordait plus autant d'importance aux choses. Jadis
la conduite de Philippe l'aurait révolté : il se con-
tentait de la blâmer. Il n'aurait pas manœuvré
derrière mon dos, il ne m'aurait pas menti. Sa
sensibilité, sa moralité se sont émoussées. Va-t-il
continuer sur cette pente? De plus en plus indifférent... Je ne veux pas. Ils appellent indulgence,
sagesse, cette inertie du cœur : c'est la mort qui
s'installe en vous. Pas encore, pas maintenant.

Ce jour-là a paru la première critique de mon
livre. Lantier m'accusait de rabâchage. C'est un
vieil imbécile, qui me déteste; je n'aurais pas dû
y être sensible. Mais comme j'étais d'humeur irri-
table, je me suis irritée. J'aurais aimé en parler
à André, mais il aurait fallu faire la paix avec
lui; je ne voulais pas.

— J'ai fermé le laboratoire, m'a-t-il dit le soir
avec un bon sourire. Nous pouvons partir pour
Villeneuve et l'Italie le jour où tu voudras.

— Nous avions décidé de passer ce mois à Paris, ai-je répondu sèchement.

— Tu aurais pu changer d'avis.

— Je ne l'ai pas fait.

Le visage d'André s'est refermé :

— Tu vas continuer longtemps à me faire la
gueule?

— Je crains que oui.

— Eh bien! tu as tort. C'est hors de propor-
tion avec ce qui s'est passé.

— Chacun a ses mesures.

— Les tiennes sont aberrantes. Tu es toujours
la même. Par optimisme, par volontarisme, tu te
caches la vérité et quand elle te crève enfin les
yeux, tu t'effondres ou tu exploses. Ce qui t'exas-

père, et du coup ça rejaillit sur moi, c'est d'avoir surestimé Philippe.

— Tu l'as toujours mésestimé.

— Non. Simplement je ne me suis pas fait beaucoup d'illusions sur ses capacités ni sur son caractère. Et somme toute, je m'en faisais encore trop.

— Un enfant, ça ne se constate pas comme une expérience de laboratoire. Il devient ce que le font ses parents. Tu l'as joué perdant, ça ne l'a pas aidé.

— Toi tu joues toujours gagnant. Libre à toi. Mais à condition de savoir encaisser quand tu perds. Or tu ne sais pas. Tu cherches des faux-fuyants, tu piques des colères, tu accuses le tiers et le quart, n'importe quoi t'est bon pour ne pas reconnaître tes erreurs.

— Faire crédit à quelqu'un, ce n'est pas une erreur !

— Oh ! toi, le jour où tu reconnaîtras que tu as eu tort !

Je sais. Dans ma jeunesse on m'a tellement donné tort, avoir raison m'a tant coûté, que je répugne à me critiquer. Mais je n'étais pas d'humeur à en convenir. J'ai saisi la bouteille de whisky.

— Incroyable ! c'est toi qui me fais mon procès !

J'ai rempli un verre que j'ai avalé d'un trait. Le visage d'André, sa voix ; le même, un autre, aimé, haï, cette contradiction descendait dans mon corps ; mes nerfs, mes muscles se contractaient dans une espèce de tétanos.

— Dès le début tu as refusé de discuter calmement. Au lieu de ça tu t'es jetée dans des trémulations... Et maintenant tu vas te soûler ? C'est ridicule, dit-il comme j'entamais un second verre.

— Je me soûlerai si je veux. Ça ne te regarde pas, fous-moi la paix.

J'ai emporté la bouteille dans ma chambre. Je me suis mise au lit avec un roman d'espionnage, mais impossible de lire. Philippe. Son image avait un peu pâli tant ma colère contre André m'obsédait. Soudain, à travers les vapeurs de l'alcool, il me souriait avec une intolérable douceur. Surestimé : non. Je l'avais aimé dans ses faiblesses : moins capricieux, moins nonchalant, il aurait eu moins besoin de moi. Il n'aurait pas été si délicieusement tendre s'il n'avait rien eu à se faire pardonner. Nos réconciliations, ses larmes, nos baisers. Mais il ne s'agissait alors que de peccadilles. Aujourd'hui, c'était autre chose. J'ai avalé une grande rasade de whisky, les murs se sont mis à tourner et j'ai sombré.

La lumière a filtré à travers mes paupières. Je les ai tenues fermées. J'avais la tête lourde, j'étais triste à mourir. Je ne me rappelais pas mes rêves. J'avais sombré dans des épaisseurs noires; c'était liquide et étouffant, du mazout, et ce matin j'émergeais à peine. J'ai ouvert les yeux. André était assis dans un fauteuil au pied du lit, il me regardait en souriant :

— Mon petit, nous n'allons pas continuer comme ça.

C'était lui, au passé, au présent, le même, je le reconnaissais. Mais il restait cette barre de fer dans ma poitrine. Mes lèvres tremblaient. Me raidir davantage, couler à pic, me noyer dans les épaisseurs de solitude et de nuit. Ou essayer d'attraper cette main qui se tendait. Il parlait de cette voix égale, apaisante, que j'aime. Il admettait ses torts. Mais c'était dans mon intérêt qu'il avait parlé à Philippe. Il nous savait si tristes tous les deux qu'il avait décidé d'intervenir tout

de suite, avant que notre brouille ne se soit
consolidée.

— Toi qui es toujours si gaie, tu ne te rends
pas compte combien ça me désolait de te voir te
ravager! Je comprends que sur le moment tu
m'en aies voulu. Mais n'oublie pas ce que nous
sommes l'un pour l'autre, tu ne vas pas me garder indéfiniment rancune.

J'ai souri faiblement, il s'est approché, il a
passé un bras autour de mes épaules, je me suis
agrippée à lui, et j'ai pleuré doucement. Chaude
volupté des larmes glissant sur la joue. Quelle détente! C'est si fatigant de détester quelqu'un
qu'on aime.

— Je sais pourquoi je t'ai menti, m'a-t-il dit
un peu plus tard. Parce que je vieillis. Te dire la
vérité, je savais que ça ferait une histoire; ça ne
m'aurait pas arrêté autrefois; maintenant, ça me
fatigue, l'idée d'une dispute. J'ai pris un rac-
courci.

— Ça veut dire que tu me mentiras de plus en
plus?

— Non, je te promets. Par ailleurs je ne reverrai pas souvent Philippe, nous n'avons plus
grand-chose à nous dire.

— Ça te fatigue les disputes : pourtant hier
soir, tu m'as bien engueulée.

— Je ne supporte pas que tu me fasses la
tête : il vaut mieux s'engueuler.

Je lui ai souri :

— Tu as peut-être raison. Il fallait qu'on en
sorte.

Il m'a prise aux épaules :

— On en est sortis, vraiment sortis? Tu ne
m'en veux plus?

— Absolument plus. C'est fini, fini.

C'était fini; nous étions réconciliés. Mais nous étions-nous tout dit? Moi en tout cas, non. Quelque chose me restait sur le cœur : cette manière qu'avait André de s'abandonner à la vieillesse. Je ne voulais pas lui en parler maintenant, il fallait d'abord que le ciel fût redevenu tout à fait serein. Et lui? Avait-il des arrière-pensées? Me reprochait-il sérieusement ce qu'il appelait mon volontarisme optimiste? Cet orage avait été trop bref pour rien changer entre nous : mais n'était-il pas le signe que depuis quelque temps — quand? — imperceptiblement quelque chose avait changé?

Quelque chose a changé, me disais-je tandis que nous roulions à cent quarante à l'heure sur l'autostrade. J'étais assise à côté d'André, nos yeux voyaient la même chaussée, le même ciel mais il y avait, invisible, impalpable, une couche isolante entre nous. S'en rendait-il compte? Oui sans doute. S'il avait proposé cette promenade, c'était dans l'espoir que, ressuscitant celles d'autrefois, elle achèverait de nous rapprocher; elle ne leur ressemblait pas puisqu'il n'en escomptait personnellement aucun plaisir. J'aurais dû lui savoir gré de sa gentillesse; mais non, j'étais peinée par son indifférence. Je l'avais si bien sentie que j'avais failli refuser, mais il aurait pris cette rebuffade pour une preuve de mauvaise volonté. Que nous arrivait-il? Il y avait eu des querelles dans notre vie, mais pour des raisons sérieuses; par exemple à propos de l'éducation de Philippe. Il s'agissait de vrais conflits que nous liquidions dans la violence, mais vite et définitivement. Cette fois, ç'avait été un tourbillon fumeux, de la fumée sans feu, et à cause de son inconsistance

même, en deux jours, il ne s'était pas tout à fait
dissipé. Il faut dire aussi que jadis nous avions
au lit des réconciliations fougueuses; dans le désir, le trouble, le plaisir, les griefs oiseux étaient
calcinés; nous nous retrouvions en face l'un de
l'autre, neufs et joyeux. Maintenant nous étions
privés de ce recours.

J'ai vu l'écriteau, j'ai écarquillé les yeux.

— Quoi? C'est Milly? Déjà? Il y a vingt minutes que nous sommes partis.

— J'ai bien roulé, a dit André.

Milly. Quand maman nous emmenait voir
grand-mère, quelle expédition! C'était la campagne, d'immenses champs de blé doré au bord des-
quels nous cueillions des coquelicots. Ce village
lointain était maintenant plus proche de Paris
qu'au temps de Balzac Neuilly ou Auteuil.

André a eu du mal à garer l'auto, c'était jour
de marché : un grouillement de voitures et de
piétons. J'ai reconnu les vieilles Halles, l'hôtel du
Lion d'or, les maisons et leurs tuiles aux couleurs passées. Mais les éventaires dressés sur la
place la transformaient. Ustensiles en plastique,
jouets, bonneterie, boîtes de conserve, parfume-
ries, bijoux n'évoquaient pas les anciennes foires
de village : répandus en plein air, c'était *Mono-
prix, Inno*. Portes et parois en verre, une grande
librairie étincelait, remplie de livres et de maga-
zines aux couvertures glacées. La maison de
grand-mère, jadis située un peu en dehors du
bourg, était remplacée par un immeuble de cinq
étages, pris dans l'agglomération.

— Tu veux boire un verre?

— Oh! non, ai-je dit. Ce n'est plus mon Milly.

Décidément, plus rien n'était pareil : ni Milly,
ni Philippe, ni André. Et moi?

— Vingt minutes pour venir à Milly, c'est un

miracle, ai-je dit comme nous remontions dans la voiture. Seulement ce n'est plus Milly.

— Voilà. Voir changer le monde, c'est à la fois miraculeux et désolant.

J'ai réfléchi :

— Tu vas encore te moquer de mon optimisme : pour moi c'est surtout miraculeux.

— Mais pour moi aussi. Le désolant quand on vieillit n'est pas dans les choses, mais en soi-même.

— Je ne trouve pas. Là aussi on perd, mais on gagne.

— On perd beaucoup plus qu'on ne gagne. A vrai dire, je ne vois pas ce qu'on gagne. Tu peux me le dire?

— C'est agréable d'avoir derrière soi un long passé.

— Tu crois que tu *l'as*? Pas moi le mien. Essaie donc de te le raconter.

— Je sais qu'il est là. Il donne de l'épaisseur au présent.

— Soit. Et quoi encore?

— Intellectuellement, on domine mieux les questions; on oublie beaucoup, d'accord, mais même ce qui est oublié reste à notre disposition, d'une certaine façon.

— Peut-être dans ta branche. Moi je suis de plus en plus ignorant de tout ce qui n'est pas ma spécialité. Pour me mettre au courant de la physique quantique, il faudrait que je retourne à l'Université, comme un simple étudiant.

— Rien ne t'en empêche.

— Je le ferai peut-être.

— C'est drôle, ai-je dit. Nous sommes d'accord sur tous les points; et pas sur celui-ci : je ne vois pas ce qu'on perd à vieillir.

Il a souri :

— La jeunesse.

— Ce n'est pas un bien en soi.

— La jeunesse est ce que les Italiens appellent d'un si joli nom : la *stamina*. La sève, le feu, qui permet d'aimer et de créer. Quand tu as perdu ça, tu as tout perdu.

Il avait parlé avec un tel accent que je n'osais pas l'accuser de complaisance. Quelque chose le rongeait, que moi j'ignorais. Que je ne souhaitais pas connaître, qui m'effrayait. C'était peut-être ça qui nous séparait.

— Jamais je ne croirai que tu ne puisses plus créer, ai-je dit.

— Bachelard a écrit : « Les grands savants sont utiles à la science dans la première moitié de leur vie, nuisibles dans la seconde. » On me tient pour un savant. Tout ce que je peux faire à présent, c'est donc essayer de ne pas être trop nuisible.

Je n'ai rien répondu. Vrai ou faux, il croyait à ce qu'il disait; protester aurait été futile. Je comprenais que mon optimisme l'agaçât souvent : c'était une manière d'éluder son problème. Mais que faire? Je ne pouvais pas l'affronter à sa place. Le mieux, c'était de me taire. Nous avons roulé en silence jusqu'à Champeaux.

— Cette nef est vraiment belle, a dit André comme nous entrions dans l'église. Elle rappelle beaucoup celle de Sens, mais les proportions en sont plus heureuses.

— Oui, elle est belle. Je ne me souviens plus de celle de Sens.

— C'est la même alternance de grosses colonnes isolées et de minces colonnes géminées.

— Quelle mémoire tu as!

Nous avons regardé avec conscience la nef, le chœur, le transept. La collégiale n'était pas moins belle parce que j'étais montée sur l'Acropole, mais mon humeur n'était plus la même qu'au temps où dans un vieux tacot nous ratissions systématiquement l'Ile-de-France. Aucun de nous deux n'était dans le coup. Je ne m'intéressais pas vraiment aux chapiteaux sculptés, aux stalles dont les miséricordes nous avaient jadis tant amusés.

En sortant de l'église, André m'a demandé :

— Crois-tu que la *Truite d'Or* existe encore?

— Allons voir.

C'était jadis un de nos endroits favoris, cette petite auberge, au bord de l'eau, où l'on mangeait des plats simples et délectables. Nous y avions fêté nos noces d'argent et depuis nous n'y étions pas retournés. Silencieux, pavé de petites pierres, ce village-là n'avait pas changé. Nous avons parcouru la grand-rue dans les deux sens : la *Truite d'Or* avait disparu. Le restaurant où nous nous sommes arrêtés, dans la forêt, nous a déplu : peut-être parce que nous le comparions avec des souvenirs.

— Et maintenant, que faisons-nous? ai-je dit.

— Nous avions parlé du château de Vaux, des tours de Blandy.

— Mais as-tu envie d'y aller?

— Pourquoi pas?

Il s'en fichait, et du même coup moi aussi, mais aucun de nous deux n'osait le dire A quoi pensait-il au juste, tandis que nous roulions sur de petites routes à l'odeur de feuillage? Au désert de son avenir? Je ne pouvais pas l'y suivre. Je le sentais seul à côté de moi. Je l'étais aussi. Philippe avait essayé plusieurs fois de me téléphoner. J'avais raccroché dès que je reconnaissais sa voix. Je m'interrogeais. Avais-je eu pour lui trop d'exigence? André trop de dédaigneuse

indulgence? Etait-ce de cette discordance qu'il
avait pâti? J'aurais voulu en discuter avec André,
mais je craignais de rallumer une querelle.

Le château de Vaux, les tours de Blandy :
nous avons exécuté notre programme. Nous disions : « Je me rappelais bien, je ne me rappelais
pas, ces tours sont superbes... » Mais en un sens,
voir des choses, c'est oiseux. Il faut qu'un projet,
ou une question vous attache à elles. Je n'aperce-
vais que des pierres entassées les unes sur les autres.

Cette journée ne nous avait pas rapprochés, je
nous sentais tous deux déçus et très loin l'un de
l'autre tandis que nous revenions vers Paris. Il
me semblait que nous ne pouvions plus nous parler. Ça serait donc vrai ce qu'ils racontent sur la
non-communication? Comme je l'avais entrevu
dans la colère, nous étions voués à la solitude, au
silence? L'avais-je toujours été, était-ce par optimisme buté que j'avais prétendu le contraire?
« Il faut faire un effort », me suis-je dit en me
couchant. « Demain matin nous causerons. On
essaiera d'aller au fond des choses. » Si notre
querelle n'était pas liquidée, c'est qu'elle n'avait
été qu'un symptôme. Il fallait tout reprendre, à
la racine. En particulier ne pas craindre de re-
parler de Philippe. Un seul sujet interdit, et tout
notre dialogue se trouve bloqué.

J'ai servi le thé et je cherchais mes mots pour
amorcer cette explication quand André m'a dit :

— Tu sais ce dont j'ai envie? C'est d'aller tout
de suite à Villeneuve. Je me reposerais mieux
qu'à Paris.

Voilà donc la conclusion qu'il avait tirée de
cette journée manquée : au lieu de chercher un
rapprochement, il fuyait! Ça lui arrive de passer
sans moi quelques jours chez sa mère, par affec-

tion pour elle. Mais là c'était une manière d'échapper à notre tête-à-tête. J'ai été blessée au vif.

— Excellente idée, ai-je dit avec sécheresse. Ta mère sera ravie. Vas-y.

Du bout des lèvres il a demandé :

— Tu ne veux pas venir?

— Tu sais très bien que je n'ai aucune envie de quitter Paris si vite. Je viendrai à la date prévue.

— Comme tu voudras.

De toute façon, je serais restée; je voulais travailler et aussi voir comment mon livre serait accueilli; en parler avec des amis. Mais j'ai été déconcertée qu'il n'insiste pas davantage. J'ai demandé avec froideur :

— Quand penses-tu t'en aller?

— Je ne sais pas; bientôt. Je n'ai rien à foutre ici.

— Bientôt, ça veut dire quoi : demain? après-demain?

— Pourquoi pas demain matin?

Nous serions donc séparés quinze jours : jamais il ne me quittait plus de trois ou quatre, sauf pour des congrès. M'étais-je montrée si désagréable? Il aurait dû en discuter avec moi au lieu de fuir. Ce n'était pourtant pas dans son style, les dérobades. Je n'y voyais qu'une explication, toujours la même : il vieillissait. J'ai pensé avec irritation : « Qu'il aille cuver sa vieillesse ailleurs. » Je n'allais certainement pas lever un doigt pour le retenir.

Nous avons convenu qu'il prendrait la voiture. Il a passé la journée au garage, à faire des courses, à donner des coups de téléphone; il a dit adieu à ses collaborateurs. Je l'ai à peine vu.

Quand il est monté dans l'auto le lendemain, nous avons échangé des baisers et des sourires. Je me suis retrouvée dans la bibliothèque, ahurie. J'avais l'impression qu'en me laissant plantée là, André me punissait. Non; il avait simplement voulu se délivrer de moi.

Passé le premier étonnement, je me suis sentie légère. La vie à deux exige qu'on décide. « A quelle heure le repas? Qu'aimerais-tu manger? » Les projets se formulent. Dans la solitude, les actes se font sans préméditation, c'est reposant. Je me levais tard, je restais enroulée dans la tiédeur des draps, essayant de rattraper au vol des lambeaux de mes rêves. Je lisais mon courrier en buvant mon thé, et je chantonnais : « Je me passe... je me passe... je me passe très bien de toi. » Entre mes heures de travail, je flânais.

Cet état de grâce a duré trois jours. L'après-midi du quatrième, on a sonné à petits coups précipités. Une seule personne sonne ainsi. Mon cœur s'est mis à battre avec violence. J'ai demandé à travers la porte :

— Qui est là?

— Ouvre, a crié Philippe. Je laisse le doigt sur la sonnette jusqu'à ce que tu ouvres.

J'ai ouvert et tout de suite il y a eu ses bras autour de moi, sa tête inclinée sur mon épaule.

— Ma petite, ma chérie, je t'en prie, ne me déteste pas. Je ne peux pas vivre brouillé avec toi. Je t'en prie. Je t'aime tant !

Si souvent cette voix suppliante a fait fondre mes rancunes ! Je l'ai laissé entrer dans la bibliothèque. Il m'aimait, je ne pouvais pas en douter. Est-ce qu'autre chose comptait? Les vieux mots me venaient aux lèvres : « Mon petit garçon », mais je les ai refoulés. Ce n'était pas un petit garçon.

— N'essaie pas de m'attendrir, c'est trop tard. Tu as tout gâché.

— Ecoute j'ai peut-être eu tort, j'ai peut-être mal agi, je ne sais plus, je n'en dors plus. Mais je ne veux pas te perdre, aie pitié de moi, tu me rends si malheureux!

Des larmes enfantines brillaient dans ses yeux. Mais ce n'était plus un enfant. Un homme, le mari d'Irène, un petit monsieur.

— Ça serait trop commode, ai-je dit. Tu fais ton coup en douce, en sachant parfaitement que tu creuses un fossé entre nous. Et tu voudrais que j'encaisse avec le sourire, que tout redevienne comme avant! Non et non.

— Vraiment tu es trop dure, trop sectaire. Il y a des parents et des enfants qui s'aiment sans avoir les mêmes opinions politiques.

— Il ne s'agit pas d'une divergence d'opinions. Tu changes de camp par ambition, par arrivisme. C'est ça qui est moche.

— Mais non. Mes idées ont changé! Je suis peut-être influençable, mais c'est vrai que je me suis mis à voir les choses sous un autre angle. Je te le jure!

— Alors tu aurais dû me prévenir plus tôt. Ne pas faire tes manigances derrière mon dos et me mettre ensuite devant le fait accompli. Je ne te pardonnerai jamais ça.

— Je n'ai pas osé. Tu as une manière de me regarder qui me fait peur.

— Tu disais toujours ça : ça n'a jamais été une excuse.

— Pourtant tu me pardonnais. Pardonne-moi encore cette fois. Je t'en supplie. Je ne supporte pas d'être mal avec toi.

— Je n'y peux rien. Tu as agi d'une telle façon que je ne peux plus t'estimer.

L'orage a grondé dans ses yeux : je préférais
ça. Sa colère soutiendrait la mienne.

— Tu as des mots qui me tuent. Moi je ne me
suis jamais demandé si je t'estimais ou non. Tu
ferais des conneries, je ne t'en aimerais pas
moins. Pour toi l'amour, il faut que ça se mérite.
Mais si : je me suis donné assez de mal pour ne
pas démériter. Tous mes désirs — être aviateur,
ou coureur automobile, ou reporter, l'action,
l'aventure — tu les tenais pour des caprices; je
les ai sacrifiés, pour te faire plaisir. La première
fois que je ne te cède pas, tu te brouilles avec
moi.

Je l'ai interrompu :

— Tu noies le poisson. Ta conduite m'indigne,
voilà pourquoi je ne veux plus te voir.

— Elle t'indigne parce qu'elle contredit tes
projets. Je n'allais tout de même pas t'obéir toute
ma vie. Tu es trop tyrannique. Au fond tu n'as
pas de cœur, seulement de la volonté de puissance. Il y avait de la rage et des larmes dans sa
voix : — Eh bien! adieu, méprise-moi tout ton
soûl, je me passerai de toi.

Il a marché vers la porte, il l'a claquée derrière
lui. Je suis restée debout dans le vestibule, pensant : Il va revenir. Il revenait toujours. Je n'aurais plus eu le courage de résister, j'aurais pleuré
avec lui. Au bout de cinq minutes j'ai regagné la
bibliothèque, je me suis assise et j'ai pleuré,
seule. « Mon petit garçon... » Qu'est-ce qu'un
adulte? un enfant gonflé d'âge. Je le dépouillais
de son âge, je retrouvais ses douze ans, impossible de lui en vouloir. Et cependant non, c'était
un homme. Aucune raison de le juger moins
sévèrement qu'un autre. Ai-je le cœur dur? Y a-
t-il des gens capables d'aimer sans estime? Où
commence, où finit l'estime? Et l'amour? S'il

avait raté sa carrière universitaire, s'il avait
eu une vie médiocre jamais ma tendresse ne lui
aurait manqué : parce qu'il en aurait eu besoin.
Si je lui étais devenue inutile mais dans la fierté,
j'aurais continué gaiement à le chérir. Mais à la
fois il m'échappe, et je le condamne. Qu'ai-je à
faire de lui?

La tristesse était retombée sur moi et elle ne
m'a plus quittée. Désormais, si je m'attardais au
lit le matin, c'est que j'avais du mal à réveiller
sans secours le monde et ma vie. J'hésitais à
plonger seule dans la monotonie de la journée.
Une fois debout, j'étais parfois tentée de me re-
coucher jusqu'au soir. Je me jetais dans le travail, je restais des heures d'affilée à ma table, me
nourrissant de jus de fruit. Quand je m'arrê-
tais en fin d'après-midi, j'avais la tête brûlante
et les os douloureux. Il m'arrivait de m'endormir si lourdement sur mon divan qu'au réveil
j'éprouvais une stupeur angoissée : comme si ma
conscience émergeant anonymement de la nuit
hésitait, avant de se réincarner. Ou c'était le
décor familier que je contemplais d'un œil incrédule : envers illusoire et chatoyant du néant où
j'avais plongé. Mon regard s'attardait avec surprise sur les objets que j'avais rapportés des quatre coins de l'Europe. Mes voyages, l'espace n'en
a pas conservé la trace, ma mémoire néglige de
les évoquer; et les poupées, les vases, les bibelots
sont là. Un rien me fascinait, m'obsédait. Rencontre d'un foulard rouge et d'un coussin violet :
quand ai-je vu pour la dernière fois des fuchsias,
leur robe d'évêque et de cardinal, leur long sexe
frêle? le volubilis lumineux, la simple églantine,
le chèvrefeuille échevelé, les narcisses, ouvrant
dans leur blancheur de grands yeux étonnés,
quand? Il pouvait ne plus en exister au monde et

je ne le saurais pas. Ni de nénuphars sur les
étangs, ni de blé noir dans les champs. La terre
est autour de moi comme une vaste hypothèse
que plus jamais je ne vérifie.

Je m'arrachais à ces brumes, je descendais
dans les rues, je regardais le ciel, les maisons
mal reblanchies. Rien ne me touchait. Clairs de
lune et couchers de soleil, odeur de printemps
mouillé, de goudron chaud, lueurs et saisons, j'ai
connu des instants au pur éclat de diamant; mais
toujours sans les avoir sollicités. Ils surgissaient
par surprise, trêve inespérée, promesse inatten-
due, en travers des occupations qui m'exigeaient;
j'en jouissais, à la sauvette, en sortant du lycée,
ou d'une bouche de métro, sur mon balcon entre
deux séances de travail, sur le boulevard quand
je me hâtais pour retrouver André. Maintenant,
je marchais dans Paris, disponible, attentive et
glacée d'indifférence. L'excès de mes loisirs en
me livrant le monde m'enpêchait de le voir. Ainsi
par les chauds après-midi, le soleil fusant à travers des persiennes fermées fait briller en moi
toute la splendeur de l'été; il m'aveugle si je
l'affronte dans sa crudité torride.

Je rentrais, je téléphonais à André, ou c'était
lui qui m'appelait. Sa mère était plus combative
que jamais, il revoyait de vieux camarades, il se
promenait, il jardinait. Sa cordialité enjouée me
déprimait. Je me disais que nous nous retrouverions exactement au même point, avec ce mur de
silence entre nous. Ça ne rapproche pas, le téléphone, ça confirme les distances. On n'est pas
deux comme dans une conversation puisqu'on ne
se voit pas. On n'est pas seul comme devant le
papier qui permet de se parler en parlant à l'autre, de chercher, de trouver la vérité. J'ai eu envie de lui écrire : mais quoi? A mon ennui se mê-

lait une inquiétude. Les amis à qui j'avais envoyé
mon essai auraient dû m'écrire pour m'en parler : aucun ne le faisait, pas même Martine. La
semaine qui a suivi le départ d'André, il y a eu
d'un seul coup un grand nombre d'articles sur
mon livre. Ceux du lundi m'ont déçue, ceux du
mercredi irritée, ceux du jeudi atterrée. Les plus
sévères parlaient de rabâchage; les plus bienveil-
lants d'intéressante mise au point. A tous l'origi-
nalité de mon travail avait échappé. N'avais-je
pas su la mettre en lumière? J'ai appelé Martine.
Les critiques étaient stupides, m'a-t-elle dit, il ne
fallait pas que j'en tienne compte. Son propre
avis, elle voulait attendre d'avoir fini le livre
pour me le donner, elle allait l'achever et y réfléchir ce soir même, elle viendrait le lendemain à
Paris. En reposant le récepteur, j'avais la bouche
amère. Martine n'avait pas voulu me parler au
téléphone : son jugement était donc défavorable.
Je ne comprenais pas. D'ordinaire je ne m'abuse
pas sur ce que je fais.

Trois semaines s'étaient écoulées depuis notre
rencontre au parc Montsouris — trois semaines
qui comptent parmi les plus désagréables de ma
vie. Normalement j'aurais été heureuse à l'idée
de revoir Martine. Mais je me sentais plus angoissée que lorsque j'attendais les résultats de
l'agrégation. Après de rapides politesses, j'ai
foncé :

— Alors? qu'en pensez-vous?

Elle m'a répondu, avec des phrases pondérées,
qu'on sentait soigneusement préparées. Cet essai
était une excellente synthèse, il élucidait certains
points obscurs, il mettait utilement en lumière ce
que mon œuvre avait apporté de neuf.

— Mais lui-même, apporte-t-il quelque chose
de neuf?

— Ce n'est pas son but.

— C'était le mien.

Elle s'est troublée; j'ai insisté, je l'ai harcelée. D'après elle, les méthodes que je proposais, je les avais appliquées dans mes études antérieures; dans beaucoup de passages, je les avais même nettement explicitées. Non, je n'innovais pas. Il s'agissait plutôt, comme l'avait dit Pélissier, d'une solide mise au point.

— J'avais voulu faire tout autre chose.

J'étais à la fois sonnée et incrédule, comme il arrive souvent quand une mauvaise nouvelle s'abat sur vous. L'unanimité du verdict était accablante. Et cependant je me disais : « Je ne peux pas m'être trompée à ce point. »

Dans le jardin où nous avons dîné, aux portes de Paris, j'ai fait un gros effort pour dissimuler ma contrariété. J'ai fini par dire :

— Je me demande si à partir de soixante ans on n'est pas condamné à se répéter.

— Quelle idée!

— Des peintres, des musiciens, même des philosophes qui se soient surpassés dans leur vieillesse, il y en a beaucoup; mais des écrivains, vous pouvez m'en citer?

— Victor Hugo.

— Soit. Mais qui d'autre? Montesquieu s'est pratiquement arrêté à cinquante-neuf ans, avec *L'Esprit des lois* qu'il avait conçu depuis bien des années.

— Il doit y avoir des cas.

— Mais aucun ne vous vient à l'esprit.

— Allons! vous n'allez pas vous décourager, m'a dit Martine avec reproche. Toutes les œuvres comportent des hauts et des bas. Ce coup-ci, vous n'avez pas tout à fait réussi ce que vous souhaitiez : vous prendrez votre revanche.

— En général mes échecs me stimulent. Cette fois c'est différent.

— Je ne vois pas en quoi.

— A cause de l'âge. André affirme que les savants sont finis bien avant cinquante ans. En littérature, sans doute vient-il aussi un moment où on ne peut plus que piétiner.

— En littérature je suis sûre que non, a dit Martine.

— Et pour les sciences?

— Là je ne suis pas compétente.

J'ai revu le visage d'André. Avait-il éprouvé le même genre de déception que moi? Une fois, définitivement? ou à plusieurs reprises?

— Vous avez des scientifiques parmi vos amis. Que pensent-ils d'André?

— Que c'est un très grand savant.

— Mais comment jugent-ils ce qu'il fait en ce moment?

— Il a une excellente équipe, leurs travaux sont très importants.

— Il dit que toutes les idées neuves viennent de ses collaborateurs.

— Ça, c'est possible. Il paraît que c'est seulement dans la force de l'âge que les savants trouvent. Dans les sciences, presque tous les prix Nobel sont des hommes jeunes.

J'ai soupiré :

— Donc André a raison : il ne découvrira plus rien.

— On n'a pas le droit de préjuger de l'avenir, a dit Martine en changeant brusquement de ton. Après tout, il n'y a que des cas particuliers. Les généralités ne prouvent rien.

— Je voudrais le croire, ai-je dit. Et j'ai détourné la conversation.

En me quittant, Martine m'a dit d'un air hési-
tant :

— Je vais reprendre votre livre. Je l'ai lu trop
vite.

— Vous l'avez bien lu et il est raté. Mais comme vous disiez, ce n'est pas bien grave.

— Pas grave du tout. Je suis sûre que vous
écrirez encore beaucoup de très bons livres.

J'étais à peu près sûre du contraire, mais je
ne l'ai pas contredite.

— Vous êtes tellement jeune! a-t-elle ajouté.

On me dit ça souvent, et je me sens flattée.
Soudain, le mot m'a agacée. C'est un compliment
ambigu qui annonce de pénibles lendemains. Garder de la vitalité, de la gaieté, de la présence d'esprit, c'est rester jeune. Donc le lot de la vieillesse
c'est la routine, la morosité, le gâtisme. Je ne suis
pas jeune, je suis bien conservée, c'est très différent. Bien conservée, et peut-être finie. J'ai pris
des somnifères et je me suis mise au lit.

Au réveil, je me suis retrouvée dans un drôle
d'état : plus fébrile qu'anxieuse. J'ai laissé le téléphone aux abonnés absents, j'ai entrepris de
relire mon *Rousseau* et mon *Montesquieu*. J'ai lu
dix heures de suite, m'interrompant à peine pour
manger deux œufs durs et une tranche de jambon. Curieuse expérience : ranimer ces textes nés
de ma plume et oubliés. Par moment ils m'inté-
ressaient, ils m'étonnaient comme si une autre
les avait écrits; cependant je reconnaissais ce vo-
cabulaire, ces coupes de phrases, ces attaques,
ces ellipses, ces tics; ces pages étaient tout impré-
gnées de moi, c'était une intimité écœurante
comme l'odeur d'une chambre où on est resté
confiné trop longtemps. Je me suis obligée à
prendre l'air, à dîner dans le petit restaurant d'à
côté; chez moi j'ai avalé des tasses de café très

fort et j'ai ouvert mon dernier essai. Il m'était
présent à l'esprit et je savais d'avance quel serait
le résultat de cette confrontation. Tout ce que
j'avais à dire avait été dit dans mes deux mono-
graphies. Je me bornais à répéter sous une autre
forme les idées qui en avaient fait l'intérêt. Je
m'étais abusée quand j'avais cru progresser. Et
même, séparées du contenu singulier auquel je
les avais appliquées, mes méthodes perdaient de
leur subtilité, de leur souplesse. Je n'apportais
rien de neuf; absolument rien. Et je savais que
le second tome ne faisait que prolonger ce piéti-
nement. Voilà : j'avais passé trois ans à écrire
un livre inutile. Pas seulement manqué, comme
certains autres, où, à travers des maladresses et
des tâtonnements, j'ouvrais des perspectives.
Inutile. A jeter au feu.

Ne pas préjuger de l'avenir. Facile à dire. Je
le voyais. Il s'étendait devant moi à perte de vue,
plat, nu. Pas un projet, pas un désir. Je n'écri-
rais plus. Alors que ferais-je? Quel vide en moi,
autour de moi. Inutile. Les Grecs appelaient
leurs vieillards des frelons. « Inutile frelon », se
dit Hécube dans *Les Troyennes*. Il s'agit de moi.
J'étais foudroyée. Je me demandais comment on
réussit encore à vivre quand on n'espère plus
rien de soi.

Par amour-propre je n'ai pas voulu avancer
mon départ et au téléphone je n'ai parlé de rien à
André. Mais comme les trois jours qui ont suivi
m'ont semblé longs! Galettes plates dans leurs
jaquettes aux couleurs vives, volumes serrés sur
les planches de bois, ni la musique, ni les phrases
ne pouvaient rien pour moi. Avant j'en attendais
un stimulant ou un repos. Je n'y voyais plus
qu'un divertissement dont la gratuité m'écœurait.
Aller à une exposition, retourner au Louvre?

J'avais tant souhaité en avoir le temps quand il
me manquait. Mais si dix jours plus tôt je
n'avais su voir dans les églises et les châteaux
que des pierres entassées, ce serait pire encore, à
présent. Du tableau à mon regard, rien ne pas-
serait. Sur la toile, je n'apercevrais que des couleurs crachées par un tube et étalées par un pin-
ceau. Me promener m'ennuyait, je l'avais déjà
constaté. Mes amis étaient en vacances et d'ailleurs je ne souhaitais ni leur sincérité, ni leurs
mensonges. Philippe... avec quelle douleur je le
regrettais! J'écartais son image, elle me faisait
venir les larmes aux yeux.

Je suis donc restée chez moi, à ruminer. Il faisait très chaud; même si j'abaissais les stores,
j'étouffais. Le temps stagnait. C'est terrible —
j'ai envie de dire c'est injuste — qu'il puisse passer à la fois si vite et si lentement. Je franchis-
sais la porte du lycée de Bourg, aussi jeune
presque que mes élèves, je regardais avec apitoie-
ment les vieux professeurs aux cheveux gris. Et
hop! je suis devenue un vieux professeur, et puis
la porte du lycée s'est refermée. Pendant des
années mes classes m'ont donné l'illusion de ne
pas changer d'âge : à chaque rentrée, je les retrouvais, aussi jeunes, et j'épousais cette immo-
bilité. Dans l'océan du temps j'étais un rocher
battu de vagues toujours neuves et qui ne bouge
pas, et qui ne s'use pas. Et soudain le flux m'emporte et m'emportera jusqu'à ce que j'échoue
dans la mort. Tragiquement ma vie se précipite.
Et cependant elle s'égoutte en ce moment avec
quelle lenteur — heure par heure, minute par
minute. Il faut toujours attendre que le sucre
fonde, que le souvenir s'efface, que la blessure se
cicatrise, que le soleil se couche, que l'ennui se
dissipe. Etrange coupure entre ces deux rythmes.

Au galop mes jours m'échappent et en chacun d'eux je languis.

Il ne me restait qu'un espoir : André. Mais pourrait-il combler ce vide en moi? Où en étions-nous? Et d'abord, qu'avions-nous été l'un pour l'autre, tout au long de cette vie qu'on appelle commune? Je voulais en décider sans tricher. Pour cela, il fallait récapituler notre histoire. Je m'étais toujours promis de le faire. J'essayai. Carrée dans un profond fauteuil, les yeux au plafond, je me racontai nos premières rencontres, notre mariage, la naissance de Philippe. Je n'apprenais rien que je n'aie déjà su. Quelle pauvreté! « Le désert du passé », a dit Chateaubriand. Il a raison, hélas! Je m'étais plus ou moins imaginé que ma vie, derrière moi, était un paysage dans lequel je pourrais me promener à ma guise, découvrant peu à peu ses méandres et ses replis. Non. Je suis capable de réciter des noms, des dates, comme un écolier débite une leçon bien apprise sur un sujet qui lui est étranger. Et de loin en loin, ressuscitent des images mutilées, pâlies, aussi abstraites que celles de ma vieille histoire de France; elles se découpent arbitrairement, sur un fond blanc. Le visage d'André ne change jamais à travers ces évocations. J'ai arrêté. Ce qu'il fallait, c'était réfléchir. M'a-t-il aimée comme je l'aimais? Au début, je pense que oui, ou plutôt la question ne se posait pas, à aucun de nous deux : nous nous entendions si bien. Mais quand son travail a cessé de le satisfaire, s'est-il avisé que notre amour ne lui suffisait pas? En a-t-il été déçu? Je pense qu'il me considère comme un invariant, dont la disparition le déconcerterait, mais qui ne saurait modifier en rien son destin, la partie se jouant ailleurs. Alors même ma compréhension ne lui apportera pas grand-chose. Une autre femme réussirait-elle à lui donner davantage? La barrière entre nous, qui l'avait élevée? Lui, moi, nous deux? Y avait-il une chance de l'abattre? J'étais fatiguée de m'interroger. Les mots se décomposaient dans ma tête : amour, entente, désaccord, c'étaient des bruits, dénués de sens. En avaient-ils jamais eu? Lorsque j'ai pris le Mistral, au début d'un après-midi, je ne savais absolument pas ce qui m'attendait.

Il m'attendait sur le quai de la gare. Après tant d'images et de mots, et cette voix désincarnée, l'évidence soudain d'une présence! Hâlé par le soleil, aminci, les cheveux coupés de frais, vêtu d'un pantalon de toile et d'une chemisette à manches courtes, il était un peu différent de l'André que j'avais quitté, mais c'était lui. Ma joie ne pouvait pas être fausse, elle ne pouvait pas en quelques instants s'anéantir. Ou si? Il avait des gestes affectueux pour m'installer dans l'auto, et des sourires pleins de gentillesse tandis que nous roulions vers Villeneuve. Mais nous sommes si habitués à nous parler aimablement que ni les gestes ni les sourires ne signifiaient grand-chose. Etait-il vraiment content de me revoir?

Manette a mis sa main sèche sur mon épaule, un baiser rapide sur mon front : « Bonjour, ma petite enfant. » Quand elle sera morte, personne ne m'appellera plus « ma petite enfant ». Il m'est difficile de penser que j'ai quinze ans de plus que sa première apparition. A quarante-cinq ans, elle me semblait presque aussi âgée qu'aujourd'hui.

Je me suis assise dans le jardin avec André; les roses meurtries par le soleil exhalaient une odeur poignante comme une plainte. Je lui ai dit :

— Tu as rajeuni.

— C'est la vie champêtre! Comment vas-tu, toi?

— Physiquement bien. Mais tu as vu mes critiques?

— Quelques-unes.

— Pourquoi ne m'avais-tu pas avertie que mon livre ne valait rien?

— Tu exagères. Il est moins différent des autres que tu ne pensais. Mais il est plein de choses intéressantes.

— Il ne t'a pas tellement intéressé.

— Oh! moi... Plus rien ne m'accroche. Il n'y a pas pire lecteur que moi.

— Même Martine le juge sévèrement; et, réflexion faite, moi aussi.

— Tu essayais quelque chose de très difficile, tu as un peu tâtonné. Mais je suppose que maintenant tu y vois clair; tu te rattraperas dans le second volume.

— Non hélas! C'est la conception même du livre qui est erronée. Le second volume serait aussi mauvais que le premier. Je laisse tomber.

— C'est une décision bien hâtive. Fais-moi lire ton manuscrit.

— Je ne l'ai pas apporté. Je *sais* que c'est mauvais, crois-moi.

Il m'a regardée avec perplexité. Je ne me décourage pas aisément, il le sait.

— Que vas-tu faire à la place?

— Rien. Je croyais avoir du pain sur la planche pour deux ans. Brusquement, c'est le vide.

Il a mis sa main sur la mienne:

— Je comprends que tu sois embêtée. Mais ne te frappe pas trop. Pour l'instant, c'est forcément le vide. Et puis un jour une idée te viendra.

— Tu vois comme on est optimiste quand il s'agit d'autrui.

Il a insisté, c'était son rôle. Il a cité des auteurs dont il aurait été intéressant de parler. Mais recommencer mon *Rousseau*, mon *Montesquieu*, à quoi bon? J'avais voulu trouver un autre angle : je ne le trouverais pas. Je me rappelais les choses qu'André m'avait dites. Ces résistances dont il m'avait parlé, je les rencontrais en moi. Mon approche des problèmes, mes habitudes d'esprit, mes perspectives, mes présuppositions, c'était moi-même, je n'imaginais pas d'en changer. Mon œuvre était arrêtée, finie. Ma vanité n'en souffrait pas. Si j'avais dû mourir dans la nuit, j'aurais estimé avoir réussi ma vie. Mais j'étais effrayée par ce désert à travers lequel j'allais me traîner jusqu'à ce que mort s'ensuive. Pendant le dîner, j'ai eu peine à faire bonne figure. Heureusement Manette et André se sont disputés avec passion, à propos des rapports sino-soviétiques.

Je suis montée me coucher tôt. Ma chambre sentait bon la lavande, le thym et les aiguilles de pin : il me semblait l'avoir quittée la veille. Un an déjà! chaque année passe plus vite que la précédente. Je n'aurais pas tellement à attendre avant de m'endormir à jamais. Cependant je savais combien les heures peuvent lentement se traîner. Et j'aime encore trop la vie pour que l'idée de la mort me console. Dans le silence campagnard j'ai tout de même dormi d'un sommeil apaisant.

— Tu veux te promener? m'a demandé André le lendemain matin.

— Bien sûr.

— Je vais te montrer un joli coin que j'ai redécouvert. Au bord du Gard. Prends un costume de bain.

— Je n'en ai pas apporté.

— Manette t'en prêtera un. Tu verras, tu seras tentée.

Nous avons suivi en auto à travers les garrigues d'étroites routes poussiéreuses. André parlait avec volubilité. Depuis bien des années il n'avait fait ici un aussi long séjour. Il avait eu du temps pour explorer à neuf la région, pour revoir des camarades d'enfance : il semblait décidément beaucoup plus jeune et gai qu'à Paris. Je ne lui avais pas du tout manqué, c'était visible. Pendant combien de temps se serait-il joyeusement passé de moi?

Il a arrêté la voiture :

— Tu vois cette tache verte, en bas? C'est le Gard. Il forme une espèce de cuvette, c'est idéal pour se baigner et l'endroit est ravissant.

— Dis donc, ça fait un bout de chemin. Il faudra remonter.

— Ce n'est pas fatigant, je l'ai fait souvent.

Il a dévalé le raidillon, très vite, d'un pied sûr. Je le suivais de loin, en me freinant, et en trébuchant un peu : une chute, une fracture, à mon âge ça n'aurait rien eu de drôle. Je pouvais monter vite, mais je n'avais jamais été très bonne pour les descentes.

— Ce n'est pas joli?

— Très joli.

Je me suis assise à l'ombre d'un rocher. Pour me baigner, non. Je nage mal. Et même devant André, je répugne à me montrer en costume de bain. Un corps de vieux, c'est tout de même moins moche qu'un corps de vieille, me suis-je dit en le regardant s'ébrouer dans l'eau. Eau verte, ciel bleu, odeur de maquis : j'aurais été mieux ici qu'à Paris. Si seulement il avait insisté, je

serais venue plus tôt : mais c'est justement
ce qu'il n'avait pas souhaité.

Il s'est assis à côté de moi sur le gravier.

— Tu as eu tort. C'était fameux !

— J'étais très bien ici.

— Comment as-tu trouvé maman? Elle est
étonnante, hein?

— Etonnante. Qu'est-ce qu'elle fait toute la
journée?

— Elle lit beaucoup; elle écoute la radio. Je
lui ai proposé de lui acheter une télévision mais
elle a refusé; elle m'a dit : « Je ne laisse pas entrer n'importe qui chez moi. » Elle jardine. Elle
va aux réunions de sa cellule. Elle n'est jamais
en peine, comme elle dit.

— En somme, c'est la meilleure période de sa
vie.

— Sûrement. C'est un des cas où la vieillesse
est un âge heureux : quand on a mené une vie
dure et plus ou moins dévorée par les autres.

Quand nous avons commencé à remonter, il
faisait très chaud; le chemin était plus long, plus
ardu qu'André ne l'avait dit. Il marchait à longues enjambées; et moi qui grimpais si gaillar-
dement autrefois, je me traînais, loin derrière
lui, c'était vexant. Le soleil me vrillait les tempes,
l'agonie stridente des cigales amoureuses me lan-
cinait les oreilles; je haletais.

— Tu marches trop vite, ai-je dit.

— Prends ton temps. Je t'attends en haut.

Je me suis arrêtée, en sueur. Je suis repartie.
Je n'étais plus maîtresse de mon cœur, de mon
souffle; mes jambes m'obéissaient à peine; la
lumière me blessait les yeux; le chant d'amour
et de mort des cigales, dans sa monotonie têtue,
me faisait grincer les nerfs. Je suis arrivée à la

voiture le visage et la tête en feu, au bord, me
semblait-il, de la congestion.

— Je suis morte.

— Tu aurais dû monter plus doucement.

— Je les retiens, tes petits sentiers faciles.

Nous sommes rentrés en silence. J'avais tort
de m'irriter pour une broutille. J'ai toujours été
colérique : allais-je devenir acariâtre? Il fallait
que je fasse attention. Mais je n'arrivais pas à
surmonter mon dépit. Et je me sentais si mal en
point que j'ai craint une insolation. J'ai mangé
deux tomates et j'ai été me reposer dans la chambre où l'ombre, le carrelage, la blancheur des
draps donnaient une fausse impression de fraîcheur. J'ai fermé les yeux, j'ai écouté dans le
silence le tic-tac d'un balancier. J'avais dit à
André : « Je ne vois pas ce qu'on perd à vieillir. »
Eh bien! maintenant, je voyais. J'ai toujours refusé d'envisager la vie à la manière de Fitzgerald
comme « un processus de dégradation ». Je pensais que mes rapports avec André ne s'altére-
raient jamais, que mon œuvre ne cesserait pas de
s'enrichir, que Philippe ressemblerait chaque
jour davantage à l'homme que j'avais voulu faire
de lui. Mon corps, je ne m'en inquiétais pas. Et
je croyais que même le silence portait des fruits.
Quelle illusion! Le mot de Sainte-Beuve est plus
vrai que celui de Valéry : « On durcit par places,
on pourrit à d'autres, on ne mûrit jamais. »
Mon corps me lâchait. Je n'étais plus capable
d'écrire; Philippe avait trahi tous mes espoirs et
ce qui me navrait encore davantage c'est qu'entre
André et moi les choses étaient en train de se dé-
tériorer. Quelle duperie, ce progrès, cette ascen-
sion dont je m'étais grisée, puisque vient le
moment de la dégringolade! Elle était amorcée.
Et maintenant, ce serait très rapide et très

lent : nous allions devenir de grands vieillards.

Quand je suis descendue, la chaleur s'était apaisée; Manette lisait, près d'une fenêtre qui donnait sur le jardin. L'âge ne l'avait pas diminuée, mais que se passait-il, au fond d'elle-même? Pensait-elle à la mort? Avec résignation, avec crainte? Je n'osais pas le lui demander.

— André a été jouer aux boules, il va revenir, m'a-t-elle dit.

Je me suis assise en face d'elle. De toute manière, si j'atteignais quatre-vingts ans, je ne lui ressemblerais pas. Je ne m'imaginais pas appelant liberté ma solitude et profitant tranquillement de chaque instant. Moi, la vie allait peu à peu me reprendre tout ce qu'elle m'avait donné; elle avait déjà commencé.

— Alors, m'a-t-elle dit, Philippe a quitté l'enseignement; ce n'est pas assez bon pour lui; il veut devenir un gros monsieur.

— Hélas, oui.

— Cette jeunesse ne croit à rien. Il faut dire que vous autres deux, vous ne croyez pas non plus à grand-chose.

— André et moi? Mais si.

— André est contre tout. C'est ça la faute. C'est pour ça que Philippe a mal tourné. Il faut être pour quelque chose.

Elle ne s'est jamais résignée à ce qu'André ne s'inscrive pas au Parti. Je n'avais pas envie d'en discuter. J'ai raconté la promenade du matin et j'ai demandé :

— Où avez-vous rangé les photos?

C'est rituel, tous les ans je regarde le vieil album. Mais il n'est jamais à la même place.

Elle l'a posé sur la table, ainsi qu'une boîte en carton. De très anciennes photos, il y en a peu. Manette le jour de son mariage, dans une longue

robe austère. Un groupe : elle avec son mari,
leurs frères, leurs sœurs, toute une génération
dont elle est la seule survivante. André enfant,
l'air buté, décidé. Renée à vingt ans, entre ses
deux frères. Nous pensions ne jamais nous consoler de sa mort; vingt-quatre ans, et elle attendait tant de la vie. Qu'en aurait-elle obtenu?
Comment supporterait-elle son âge? Ma première
rencontre avec la mort, comme j'ai pleuré. Ensuite j'ai pleuré de moins en moins : mes parents,
mon beau-frère, mon beau-père, les amis. C'est
ça aussi, vieillir. Tant de morts derrière soi,
regrettés, oubliés. Souvent quand je lis le journal, j'apprends un nouveau décès : un écrivain
aimé, une collègue, un ancien collaborateur
d'André, un de nos camarades politiques, un ami
perdu de vue. On doit se sentir bizarre quand on
reste, comme Manette, l'unique témoin d'un
monde aboli.

— Tu regardes les photos?

André se penchait sur mon épaule. Il a feuilleté
l'album et m'a désigné une image qui le représen-
tait, à onze ans, avec des camarades de sa
classe.

— Il y en a plus de la moitié qui sont morts,
m'a-t-il dit. Celui-là, Pierre, je l'ai revu. Celui-ci
aussi. Et Paul qui n'est pas sur la photo. Il y a
bien vingt ans que nous ne nous étions pas rencontrés. Je les ai à peine reconnus. On n'imagine-
rait pas qu'ils ont juste mon âge : ils sont deve-
nus de grands vieillards. Bien plus décatis que
Manette. Ça m'a fait un coup.

— A cause de la vie qu'ils ont menée?

— Oui. Etre paysan, dans ce coin-ci, ça use
un homme.

— Par comparaison tu t'es senti jeune.

— Pas jeune. Mais salement privilégié. Il a

refermé l'album : — Je t'emmène prendre l'apéritif à Villeneuve.

— D'accord.

Dans l'auto, il m'a parlé des parties de boules qu'il venait de gagner, il avait fait de grands progrès depuis son arrivée. Son humeur semblait au beau fixe, mes ennuis ne l'avaient pas altérée, ai-je constaté avec un peu d'amertume. Il a arrêté l'auto, au bord du terre-plein planté de parasols bleu et orange sous lesquels des gens buvaient des pastis; une odeur d'anis flottait dans l'air. Il en a commandé pour nous. Il y a eu un long silence. Il a dit :

— C'est gai cette petite place.

— Très gai.

— Tu dis ça d'un air lugubre. Tu regrettes Paris?

— Oh non! Les endroits en ce moment, je m'en fiche.

— Des gens aussi, j'ai l'impression.

— Pourquoi dis-tu ça?

— Tu n'es guère causante.

— Excuse-moi. Je suis mal fichue. J'ai ramassé trop de soleil ce matin.

— Tu es si endurante, d'ordinaire.

— Je vieillis.

Ma voix n'était pas aimable. Qu'avais-je espéré d'André? Un miracle? D'un coup de baguette il aurait rendu mon livre bon, les critiques favorables? Ou auprès de lui mon échec me serait devenu indifférent? Il avait accompli pour moi beaucoup de menus miracles; au temps où il vivait, tendu vers son avenir, son ardeur animait le mien. Il me donnait, il me rendait confiance. Il avait perdu ce pouvoir. Même s'il avait conservé sa foi en son propre destin, cela n'aurait pas suffi

à me rassurer sur le mien. Il a sorti une lettre de
sa poche :

— Philippe m'a écrit.

— Comment savait-il où tu étais?

— Je lui ai téléphoné le jour de mon départ
pour lui dire au revoir. Il me raconte que tu l'as
mis à la porte.

— Oui, Je ne m'en repens pas. Je ne peux pas
aimer quelqu'un que je n'estime pas.

André m'a dévisagée :

— Je ne sais pas si tu es de très bonne foi.

— Comment ça?

— Tu te places sur un plan moral alors que
c'est d'abord sur le plan affectif que tu te sens
trahie.

— Il y a des deux.

Trahie, abandonnée, oui; une blessure trop sai-
gnante pour que je supporte d'en parler. Nous
sommes retombés dans le silence. Allait-il s'établir définitivement entre nous? Un couple qui
continue parce qu'il a commencé, sans autre
raison : était-ce cela que nous étions en train de
devenir? passer encore quinze ans, vingt ans,
sans grief particulier, sans animosité, mais chacun dans sa gangue, rivé sur son problème,
ruminant son échec personnel, toute parole devenue vaine? Nous nous étions mis à vivre à contre-
temps. A Paris j'étais gaie, lui sombre. Je lui en
voulais d'être gai alors que je m'étais assombrie.
J'ai fait un effort :

— Dans trois jours nous serons en Italie.
Ça te plaît?

— Si ça te plaît à toi.

— Ça me plaît si ça te plaît.

— Parce que toi les endroits, décidément, tu
t'en fiches?

— Bien souvent tu t'en fiches aussi.

Il n'a rien répondu. Quelque chose s'était coincé dans notre dialogue : chacun prenait de travers ce que disait l'autre. Finirions-nous par en sortir? Pourquoi demain plutôt qu'aujourd'hui, à Rome plutôt qu'ici?

— Eh bien! rentrons, ai-je dit au bout d'un moment.

Nous avons tué la soirée en jouant aux cartes avec Manette.

Le lendemain j'ai refusé d'affronter le soleil et le crissement des cigales. A quoi bon? Devant le château des papes, le pont du Gard, je savais que je demeurerais aussi indifférente qu'à Champeaux. J'ai prétexté un mal de tête pour rester à la maison. André avait emporté une dizaine d'ouvrages nouveaux, il s'est plongé dans l'un d'eux. Moi, je me tiens au courant, je les connaissais tous. J'ai examiné la bibliothèque de Manette. Des classiques Garnier, quelques Pléiades dont nous lui avons fait cadeau. Beaucoup de ces textes, je n'avais pas eu depuis bien longtemps l'occasion d'y revenir, je les avais oubliés. Et pourtant j'éprouvais de la paresse à l'idée de les relire. On se rappelle au fur et à mesure, ou du moins on en a l'illusion. La fraîcheur première est perdue. Qu'avaient-ils à m'apporter, ces écrivains qui m'avaient faite ce que j'étais et ne cesserais plus d'être? J'en ai ouvert, feuilleté quelques volumes; ils avaient tous un goût presque aussi écœurant que celui de mes propres livres : un goût de poussière.

Manette a levé les yeux de son journal :

— Je commence à croire que je verrai de mes yeux des hommes sur la lune!

— Des tes yeux? Tu feras le voyage? a demandé André d'une voix rieuse.

— Tu me comprends très bien. Je saurai

qu'ils y sont. Et ça sera des Russes, mon petit.
Les Amerlos, avec leur oxygène pur, ils ont fait
chou blanc.

— Oui, maman, tu verras des Russes sur la
lune, a dit André tendrement.

— Penser qu'on a commencé dans des caver-
nes, avec juste nos dix doigts à notre service, a
repris rêveusement Manette. Et on est arrivés où
on en est : avoue que ça encourage.

— C'est vrai que l'histoire de l'humanité est
belle, a dit André. C'est dommage que celle des
hommes soit si triste.

— Elle ne le sera pas toujours. Si tes Chinois
ne font pas sauter la terre, nos petits-enfants
connaîtront le socialisme. Je vivrais bien encore
cinquante ans pour voir ça.

— Quelle santé! Tu l'entends, m'a dit André.
Elle réengagerait pour cinquante ans.

— Pas toi, mon garçon?

— Non maman, franchement non. L'histoire
suit de si drôles de chemins que j'ai à peine
l'impression qu'elle me concerne. Je me sens sur
la touche. Alors, dans cinquante ans!...

— Je le sais : tu ne crois plus à rien, a dit
Manette avec réprobation.

— Ce n'est pas tout à fait vrai.

— A quoi crois-tu?

— A la souffrance des gens, et qu'elle est abominable. Il faut tout faire pour la supprimer. A
vrai dire, rien d'autre ne me semble important.

— Alors, ai-je demandé, pourquoi pas la
bombe, pourquoi pas le néant? Que tout saute,
qu'on en finisse.

— On est quelquefois tenté de le souhaiter.
Mais je préfère rêver qu'il pourrait y avoir de la
vie, sans douleur.

— De la vie pour en faire quelque chose, a dit Manette d'un air batailleur.

Le ton d'André m'avait frappée; il n'était pas si insouciant qu'il le paraissait. « C'est dommage que celle des hommes soit si triste. » De quelle voix il avait dit ça! Je l'ai regardé, j'ai eu un tel élan vers lui que soudain une certitude m'a envahie. Nous ne serions jamais deux étrangers. Un de ces jours, demain peut-être, nous nous retrouverions puisque déjà mon cœur l'avait retrouvé. Après le dîner, c'est moi qui ai proposé de sortir. Nous sommes montés doucement vers le fort Saint-André. J'ai demandé :

— Tu penses vraiment que rien ne compte sinon de supprimer la souffrance?

— Quoi d'autre?

— Ce n'est pas gai.

— Non. D'autant moins qu'on ne sait pas comment la combattre. Il s'est tu un moment :

— Maman a tort de dire que nous ne croyons à rien. Mais pratiquement aucune cause n'est tout à fait la nôtre : nous ne sommes pas pour l'U.R.S.S. et ses compromissions; pas non plus pour la Chine; en France ni pour le régime ni pour aucun des partis de l'opposition.

— C'est une situation inconfortable, ai-je dit.

— Ça explique un peu l'attitude de Philippe : être contre tout, à trente ans, ça n'a rien d'exaltant.

— A soixante non plus. Ce n'est pas une raison pour renier ses idées.

— Etait-ce vraiment *ses* idées?

— Que veux-tu dire?

— Oh! bien sûr, les grosses injustices, les grosses saloperies, ça le révolte. Mais il n'a jamais été tellement politisé. Il a adopté nos opinions parce qu'il ne pouvait pas faire autrement, il voyait le monde par nos yeux : mais jusqu'à quel point était-il convaincu?

— Et les risques qu'il a pris pendant la guerre d'Algérie?

— Elle le dégoûtait sincèrement. Et puis les valises, les manifs, c'était de l'action, de l'aventure. Ça ne prouve pas qu'il ait été profondément de gauche.

— Drôle de manière de défendre Philippe : en le démolissant.

— Non. Je ne le démolis pas. Plus je réfléchis, plus je lui trouve des excuses. Je mesure combien nous avons pesé sur lui; il a fini par avoir besoin de s'affirmer contre nous, à tout prix. Et puis tu parles de l'Algérie : il a été drôlement déçu. Pas un des types pour qui il s'est mouillé ne lui a donné signe de vie. Et le grand homme là-bas, c'est de Gaulle.

Nous nous sommes assis sur l'herbe au pied du fort. J'écoutais la voix d'André, calme et convaincante; de nouveau nous pouvions nous parler et quelque chose s'est dénoué en moi. Pour la première fois je pensai à Philippe sans colère. Sans gaieté non plus, mais paisiblement : peut-être parce qu'André m'était soudain si proche que l'image de Philippe s'estompait.

— Nous avons pesé sur lui, oui, ai-je dit avec bonne volonté. J'ai demandé : — Tu penses que je dois le revoir?

— Il aurait énormément de peine si tu restais brouillée avec lui : à quoi ça servirait-il?

— Je ne tiens pas à lui faire de la peine. Je me sens sèche, c'est tout.

— Oh! bien sûr, ça ne sera plus jamais pareil entre lui et nous.

J'ai regardé André. Entre lui et moi il me semblait que déjà tout était redevenu pareil. La lune brillait ainsi que la petite étoile qui l'escorte fidèlement et une grande paix est descendue en moi : « *Etoilette je te vois — Que la lune trait à soi.* » Je retrouvais les vieux mots dans ma gorge, tels qu'ils avaient été écrits. Ils m'unissaient aux siècles anciens où les astres brillaient exactement comme aujourd'hui. Et cette renaissance et cette permanence me donnaient une impression d'éternité. La terre me semblait fraîche comme aux premiers âges et cet instant se suffisait. J'étais là, je regardais à nos pieds des toits de tuiles, baignés de clair de lune, sans raison, pour le plaisir de les voir. Ce désintéressement avait un charme poignant.

— Voilà le privilège de la littérature, ai-je dit. Les images se déforment, elles pâlissent. Les mots, on les emporte avec soi.

— Pourquoi penses-tu à ça? a dit André.

Je lui ai cité les deux vers d'*Aucassin et Nicolette*. J'ai ajouté avec regret :

— Comme les nuits sont belles ici !

— Oui. C'est dommage que tu n'aies pas pu venir avant.

J'ai sursauté :

— C'est dommage! Mais tu ne voulais pas que je vienne !

— Moi? Par exemple! C'est toi qui as refusé. Quand je t'ai dit : « Pourquoi ne pas partir tout de suite pour Villeneuve? » tu m'as répondu : « Bonne idée. Vas-y. »

— Ça ne s'est pas passé comme ça. Tu as dit, je me le rappelle textuellement : « Ce dont j'ai envie c'est d'aller à Villeneuve. » Tu en avais marre de moi, tout ce que tu désirais, c'était de foutre le camp.

— Tu es folle! Je voulais évidemment dire : j'ai envie que nous allions à Villeneuve. Et tu

m'as répondu : vas-y, d'une voix qui m'a glacé.
J'ai tout de même insisté.

— Oh! du bout des lèvres; tu comptais bien
que je refuserais.

— Absolument pas.

Il avait l'air si sincère que le doute m'a prise.
Avais-je pu me tromper? La scène était figée
dans ma mémoire, je ne pouvais pas la changer.
Mais j'étais sûre qu'il ne mentait pas.

— Comme c'est bête, ai-je dit. Ça m'a fait un
tel choc quand j'ai vu que tu avais décidé de partir sans moi.

— C'est·bête, a dit André. Je me demande
pourquoi tu as cru ça!

J'ai réfléchi :

— Je me méfiais de toi.

— Parce que je t'avais menti?

— Tu me semblais changé depuis quelque
temps.

— En quoi?

— Tu jouais au vieillard.

— Ce n'est pas un jeu. Toi-même hier tu
m'as dit : Je vieillis.

— Mais tu te laissais aller. Sur un tas de
plans.

— Par exemple?

— Tu avais des tics; cette manière de tripoter
ta gencive.

— Ah! ça...

— Quoi?

— Ma mâchoire est un peu infectée, à cet
endroit, si ça devient sérieux, mon bridge lâchera, il faudra que je porte un râtelier. Tu te
rends compte!

Je me rends compte. En rêve parfois toutes
mes dents s'écroulent dans ma bouche et c'est la

décrépitude qui d'un coup fond sur moi. Un râtelier...

— Pourquoi ne me l'as-tu pas dit?

— Il y a des embêtements qu'on garde pour soi.

— On a peut-être tort. C'est comme ça qu'on en arrive à des malentendus.

— Peut-être. Il s'est levé : — Viens, nous allons prendre froid.

Je me suis levée aussi. Nous avons descendu doucement la pente herbeuse.

— Tu as tout de même un peu raison de dire que je jouais, a dit André. J'en remettais. Quand j'ai vu tous ces types tellement plus décatis que moi et qui prennent les choses comme elles viennent, sans faire d'histoires, je me suis morigéné. J'ai décidé de réagir.

— Ah! c'est donc ça! J'ai pensé que c'était mon absence qui t'avait rendu ta bonne humeur.

— Quelle idée! Au contraire, c'est beaucoup pour toi que j'ai tenu à prendre le dessus. Je ne veux pas être un vieil emmerdeur. Vieux, ça suffit, emmerdeur non.

Je lui ai pris le bras, je l'ai serré contre le mien. J'avais retrouvé André que jamais je n'avais perdu et que jamais je ne perdrais. Nous sommes entrés dans le jardin, nous nous sommes assis sur un banc, au pied d'un cyprès. La lune et son étoilette brillaient au-dessus de la maison.

— Tout de même c'est vrai que ça existe la vieillesse, ai-je dit. Et ce n'est pas drôle de se dire qu'on est fini.

Il a mis la main sur la mienne :

— Ne te le dis pas. Je crois que je sais pourquoi tu as raté cet essai. Tu es partie d'une ambition vide : innover, te dépasser. Ça ne pardonne pas. Comprendre et faire comprendre

Rousseau, Montesquieu, ça c'était un projet con-
cret, qui t'a menée loin. Si tu es de nouveau ac-
crochée, tu peux encore faire du bon travail.

— En gros, mon œuvre restera ce qu'elle est :
j'ai vu mes limites.

— D'un point de vue narcissiste, tu n'a pas
grand-chose à gagner, c'est vrai. Mais tu peux
encore intéresser les lecteurs, les enrichir, les
faire réfléchir.

— Souhaitons-le.

— Moi j'ai pris une décision. Encore un an,
et j'arrête tout. Je me remets à l'étude, je rat-
trape mes retards, je comble mes lacunes.

— Tu penses qu'après ça tu repartiras d'un
meilleur pied?

— Non. Mais il y a des choses que j'ignore,
que je veux savoir. Juste pour les savoir.

— Ça te suffira?

— En tout cas pendant quelque temps. Ne
regardons pas trop loin.

— Tu as raison.

Nous avions toujours regardé loin. Faudrait-il
apprendre à vivre à la petite semaine? Nous
étions assis côte à côte sous les étoiles, frôlés
par l'odeur amère du cyprès, nos mains se tou-
chaient; un instant le temps s'était arrêté. Il
allait se remettre à couler. Et alors? Oui ou non
pourrais-je encore travailler? Ma rancune contre
Philippe s'estomperait-elle? L'angoisse de vieillir me reprendrait-elle? Ne pas regarder trop
loin. Au loin c'étaient les horreurs de la mort
et des adieux; c'étaient les râteliers, les sciati-
ques, les infirmités, la stérilité mentale, la solitude dans un monde étranger que nous ne com-
prendrons plus et qui continuera sa course sans
nous. Réussirai-je à ne pas lever les yeux vers
ces horizons? Ou apprendrai-je à les apercevoir

sans épouvante? Nous sommes ensemble, c'est notre chance. Nous nous aiderons à vivre cette dernière aventure dont nous ne reviendrons pas. Cela nous la rendra-t-il tolérable? Je ne sais pas. Espérons. Nous n'avons pas le choix.

Monologue

« *Elle se venge par le monologue.* »
Flaubert.

Les cons! J'ai tiré les rideaux la lumière idiote des lampions et des arbres de Noël n'entre pas dans l'appartement mais les bruits traversent les murs. Les moteurs les freins et les voilà maintenant qui se mettent à klaxonner ils se prennent pour des caïds au volant de leurs 404 des familles de leurs demi-sport à la noix de leurs Dauphine minables de leurs cabriolets blancs. Un cabriolet blanc avec des coussins noirs c'est chouette et les types sifflaient quand je passais des lunettes obliques sur le nez un foulard d'Hermès sur la tête alors qu'ils croient m'épater avec leurs tacots mal lavés et les gueulantes de leurs klaxons! S'ils pouvaient se caramboler juste sous mes fenêtres ça alors je jouirais. Salauds ils me déchirent les tympans et je n'ai plus de boules Quiès les deux dernières coincent le timbre du téléphone elles sont complètement dégueux et j'aime encore mieux avoir les oreilles cassées que d'entendre que le téléphone ne sonne pas. Arrêter ce vacarme ce silence : dormir. Et je ne fermerai pas l'œil hier je n'ai pas pu j'avais horreur que ça soit la veille d'aujourd'hui. J'en ai tant pris des somnifères que ça n'agit plus et ce docteur

est un sadique il me les donne en suppositoires
je ne peux pas me bourrer comme un canon. Il
faut que je me repose c'est nécessaire je veux
avoir ma chance demain avec Tristan; pas de
larmes pas de cris. « C'est anormal cette situation. Même du point de vue fric quel gâchis! Un
enfant a besoin de sa mère. » Je vais passer
encore une nuit blanche je serai à bout de nerfs
je raterai mon coup. Salauds! Ils me cavalent
dans la tête je les vois je les entends. Ils se
gavent de mauvais foie gras et de dinde brûlée
ils s'en pourlèchent Albert et Madame Nanard
Etiennette leurs chiards ma mère; c'est contre
nature que mon propre frère ma propre mère me
préfèrent mon ex-mari. Je n'en ai rien à foutre
d'eux seulement qu'ils ne m'empêchent pas de
dormir; on devient bon pour le cabanon on
avoue tout le vrai et le faux qu'ils ne comptent
pas là-dessus je suis une forte nature ils ne
m'auront pas.

Quelle chierie leurs fêtes; c'est déjà assez moche les autres jours! J'ai toujours détesté Noël
Pâques le 14 Juillet. Papa perchait Nanard sur
son épaule pour qu'il voie le feu d'artifice et
moi la grande je restais par terre pressée entre
leurs corps juste à la hauteur de leur sexe dans
l'odeur de sexe de cette foule en chaleur et
maman disait « la voilà encore qui pleurniche »
ils me collaient une glace dans les mains j'en
avais rien à foutre je la jetais ils soupiraient on
ne pouvait pas me gifler un soir de 14 Juillet.
Lui il ne me touchait pas j'étais sa préférée :
« Sacrée petite bonne femme. » Mais quand il a
crevé elle ne s'est plus gênée elle m'envoyait ses
bagues à travers la gueule. Pas une fois je n'ai
giflé Sylvie. Nanard était le roi. Elle le prenait
dans son lit le matin je les entendais se cha-

touiller il dit que c'est faux que je suis ignoble
évidemment il ne va pas avouer ils n'avouent
jamais il a peut-être même oublié pour oublier
ce qui les dérange ils sont fortiches et je les
emmerde parce que je me souviens; elle se bala-
dait à travers son bordel de chambre à moitié
à poil dans son peignoir de soie blanche taché
et troué de brûlures de cigarettes il se collait à
ses cuisses ça lève le cœur les mères avec leurs
petits mâles il aurait fallu que je leur ressemble
ah non! Je voulais des gosses bien des gosses
propres et que Francis ne devienne pas un pédé
comme Nanard. Nanard avec ses cinq enfants
c'est tout de même une tantouze on ne me la fait
pas il faut détester les femmes pour avoir épousé
cette dondon.

Ça ne s'arrête pas. Combien sont-ils? Dans les
rues de Paris des centaines de milliers. Et c'est
pareil dans toutes les villes sur toute la terre;
trois milliards et ça ne fera qu'empirer; des
famines il n'y en a pas assez ils deviennent de
plus en plus nombreux; même le ciel est infesté
bientôt ils se bousculeront dans l'espace comme
sur les autostrades et la lune on ne pourra pas la
regarder sans penser que des cons sont en train
d'y dégoiser. Je l'aimais la lune elle me ressemblait; et ils l'ont salie comme ils salissent tout
c'était affreux ces photos; une pauvre chose
poussiéreuse et grisâtre que n'importe qui pourra
fouler aux pieds.

J'étais propre pure intransigeante. Dès l'enfance j'ai eu ça dans le sang : ne pas tricher. Je
la revois cette drôle de môme dans sa petite robe
chiffonnée maman me soignait si mal et la
dadame qui susurre : « Alors, on l'aime son petit
frère? » Et j'ai répondu posément : « Je le déteste. » Le froid; les yeux de maman. Que j'aie

été jalouse c'est normal tous les livres le disent;
l'étonnant ce qui me plaît c'est que je l'aie admis. Pas de concession pas de comédie : je me
retrouve dans cette petite bonne femme. Je suis
propre je suis vraie je ne joue pas le jeu; ça les
fait gueuler ils n'aiment pas qu'on voie clair en
eux ils veulent qu'on croie leurs belles paroles
ou du moins qu'on fasse semblant.

Voilà une de leurs mascarades : les galopades
dans l'escalier les rires les voix éblouies. Quoi ça
rime de s'envoyer en l'air à date fixe à heure fixe
parce qu'on change de calendrier? Toute ma vie
ça m'a débectée ce genre d'hystérie. Je devrais la
raconter ma vie. Tant de femmes le font on les
imprime on parle d'elles elles se pavanent et
mon livre serait plus intéressant que leurs conneries; j'en ai bavé mais j'ai vécu et sans mensonge
sans chiqué; qu'est-ce qu'ils râleraient en voyant
mon nom et ma photo dans les vitrines et le
monde apprendrait la vérité la vraie. Je raurais
un tas d'hommes à mes pieds ils sont tellement
snobs la pire mocheté si elle est célèbre ils s'y
ruent. Peut-être j'en rencontrerais un qui saurait
m'aimer.

Mon père m'aimait. Personne d'autre. Tout est
venu de là. Albert ne pensait qu'à se débiner je
l'aimais d'amour fou pauvre folle. Ce que j'ai pu
souffrir jeune et entière comme je l'étais! Alors
on fait des sottises forcément; peut-être c'était
un coup monté qui me prouve qu'il ne connaissait pas Olivier? Une combine dégueulasse j'en
suis restée brisée.

Ça devait arriver ils dansent au-dessus de ma
tête. Alors là ma nuit est foutue demain je serai
en morceaux je devrai me doper pour voir Tristan et ça foirera. Il ne faut pas! Salauds! Je n'ai
que ça dans la vie le sommeil. Salauds. Ils ont le

droit de m'écorcher les oreilles et de me piétiner ils en profitent. « L'emmerdeuse d'en dessous elle ne peut pas gueuler c'est le jour de l'an. » Rigolez je trouverai un moyen de vous avoir elle vous emmerdera l'emmerdeuse jamais je ne me suis laissé piétiner. Albert était furax : « Pas besoin de faire un éclat! » bien si justement! Il dansait avec Nina sexe à sexe elle étalait ses gros seins elle puait le parfum mais on sentait en dessous une odeur de bidet et lui qui se trémoussait il bandait comme un cerf. Des éclats oui j'en ai fait dans ma vie. Je suis restée cette petite bonne femme qui avait répondu : « Je le déteste » franche intrépide intègre.

Ils vont crever le plafond et me dégringoler sur la gueule. Je les vois d'ici c'est trop dégueux ils se frottent l'un contre l'autre sexe à sexe ça les fait mouiller les bonnes femmes elles se rengorgent parce que le type a la queue en l'air. Et chacun se prépare à cocufier son meilleur ami sa très chère amie ils le feront cette nuit même dans la salle de bains même pas allongés la robe retroussée sur les fesses suantes quand on ira pisser on marchera dans le foutre comme chez Rose la nuit de mon éclat. Possible que ça glisse à la partouze le couple d'au-dessus c'est des quinqua à cet âge-là ils ont besoin de trucs vicelards pour s'enfiler. Je suis sûre qu'Albert et sa dame ils partouzent Christine a une gueule à tout faire avec elle il ne doit pas se gêner. Pauvre paumée que j'étais à vingt ans trop naïve trop pudique. C'était émouvant cette gaucherie j'aurais bien mérité qu'on m'aime. Ah! j'ai été salement frustrée la vie ne m'a pas fait de cadeau.

Merde je crève de soif j'ai faim mais me lever de mon fauteuil aller à la cuisine ça me tue. On gèle dans ce trou seulement si je pousse le chauf-

fage l'air sera complètement desséché je n'ai
plus de salive dans la bouche et mon nez me
brûle. Quelle mocheté leur civilisation. On est
capable de salir la lune mais pas de chauffer un
appartement. S'ils étaient malins ils invente-
raient des robots qui iraient me chercher un jus
de fruit quand j'en ai envie qui tiendraient la
maison sans que je sois obligée de leur faire
des politesses et d'écouter leur bla-bla-bla.

Mariette ne vient pas demain tant mieux j'en
ai marre du cancer de son vieux père. Encore
celle-là je l'ai mise au pas elle se tient à peu près
à sa place. Y en a qui se foutent des gants de
caoutchouc pour faire la vaisselle et qui jouent
à la dame ça je ne supporte pas. Je ne veux pas
non plus qu'elles soient crados qu'on trouve des
cheveux dans la salade et des traces de doigts sur
les portes. Tristan est un con. Je les traite très
bien les femmes de ménage. Mais je veux qu'elles
fassent leur boulot proprement sans histoire et
sans me raconter leur vie. Pour ça il faut les
dresser comme il faut dresser les enfants pour
en faire des adultes valables.

Tristan n'a pas dressé Francis; salope de
Mariette elle me laisse en panne; le salon sera
cochonné après leur visite. Ils vont s'amener
avec un cadeau à la gomme on s'embrassera je
servirai les petits gâteaux et Francis me fera les
réponses que son père lui aura serinées il ment
comme un grand. Moi j'en aurais fait un gosse
bien. Je lui dirai à Tristan : un gosse privé de sa
mère finit toujours par mal tourner il deviendra
un voyou ou une tante tu ne souhaites pas ça.
Elle m'écœure ma voix pondérée; j'aurais envie
de gueuler : c'est contre nature qu'on enlève
un fils à sa mère! Mais je dépends de lui.
« Menace-le de divorce » disait Dédé. Il a rigolé.

Les hommes se tiennent tellement entre eux la
loi est tellement injuste et il a le bras long que
le divorce serait prononcé à mes torts. Il garde-
rait Francis plus un sou et pour l'appartement
tintin! Rien à faire contre ce chantage dégueulasse : une pension et l'appartement contre Francis. Je suis à sa merci. Sans fric on ne peut
pas se défendre on est moins que rien un double
zéro. Quelle cloche j'ai été désintéressée étourdie
me foutant de l'argent! Je ne les ai pas fait assez
raquer ces caves. Si j'étais restée avec Florent je
me serais fait une jolie pelote. Tristan m'a eue à
la passion j'ai eu pitié de lui. Et voilà! Cet enflé
qui joue au petit Napoléon il m'a plaquée parce
que je ne suis pas une hystérique je ne suis pas
tombée à genoux devant lui. Je le coincerai. Je
lui dirai que je dirai la vérité au petit : je ne suis
pas malade je vis seule parce que ton salaud de
père m'a laissée tomber il m'a embobinée et puis
torturée il a été jusqu'à lever la main sur moi.
Piquer une crise de nerfs devant le petit m'ouvrir
les veines sur leur paillasson ça ou autre chose
j'ai des armes je m'en servirai il me reviendra
je ne pourrirai pas seule dans cette baraque avec
ces gens là-haut qui me foulent aux pieds et les
voisins qui me réveillent tous les matins avec
leur radio et personne pour m'apporter à bouffer
quand j'ai faim. Toutes ces pouffiasses elles ont
un homme pour les protéger des gosses pour les
servir et moi zéro : ça ne peut pas durer. Voilà
quinze jours que le plombier me mène en bateau
une femme seule ils se croient tout permis c'est
si lâche les gens quand vous êtes à terre ils vous
piétinent. Je me rebiffe je tiens tête mais une
femme seule on crache dessus. Le concierge ricane. A dix heures du matin c'est *licite* de faire
marcher la radio : s'il croit m'épater avec ses

grands mots. Je les ai eus avec le téléphone
quatre nuits de suite ils savaient que c'était moi
mais impossible de me coincer je me suis bien
marrée; ils m'ont contrée avec les abonnés absents je trouverai autre chose. Quoi? Ça dort la
nuit ça bosse le jour ça se promène le dimanche
on n'a pas de prise sur ce bétail. Un homme
sous mon toit. Le plombier serait venu le concierge me saluerait poliment les voisins met-
traient une sourdine. Merde alors! je veux qu'on
me respecte je veux mon mari mon fils mon
foyer comme tout le monde.

Un petit garçon de onze ans ça serait gentil de
l'emmener au cirque au zoo. Je le dresserais
vite. Il était plus facile que Sylvie. Elle m'a
donné du fil à retordre molle et sournoise comme
cette loche d'Albert. Oh! je ne lui en veux pas
pauvre choute ils étaient tous à la monter contre
moi et elle avait l'âge où les petites filles détes-
tent leur mère ils appellent ça de l'ambivalence
mais c'est de la haine. Encore une de ces vérités
qui les font râler. Etiennette suait de rage quand
je lui ai dit de regarder le journal intime de
Claudie. Elle a préféré ne pas regarder comme
ces femmes qui ne vont pas chez le médecin de
peur d'avoir un cancer et alors on reste la gentille maman d'une gentille petite fille. Sylvie
n'était pas gentille j'en ai dégusté quand j'ai lu
son journal; mais moi je regarde les choses en
face. Je ne me suis pas trop frappée je savais
qu'il suffisait d'attendre qu'un jour elle com-
prendrait et qu'à leur nez et barbe elle me donnerait raison. J'avais de la patience jamais je
n'ai levé la main sur elle. Je me défendais bien
sûr. Je lui ai dit : « Tu n'auras pas ma peau. »
Têtue comme une mule geignant des heures des
jours pour un caprice il n'y avait aucune raison

pour qu'elle revoie Tristan. Une fille a besoin
d'un père je suis payée pour le savoir; mais
personne n'a dit qu'il lui en fallait deux. Albert
était déjà assez encombrant il prenait tout ce
que la loi lui accordait et davantage je devais
lutter pied à pied il l'aurait pourrie si je ne
m'étais pas bagarrée. Les robes qu'il lui offrait
c'était immoral. Je ne voulais pas que ma fille
devienne une putain comme ma mère. A
soixante-dix ans des jupes au genou de la peinture sur toute la figure! Quand je l'ai croisée
l'autre jour dans la rue j'ai changé de trottoir.
Avec cette dégaine si elle m'avait fait le coup de
la réconciliation j'aurais eu bonne mine. Sûr que
c'est toujours aussi cra-cra chez elle avec le fric
qu'elle claque chez le coiffeur elle pourrait se
payer une femme de ménage.

Plus de klaxons j'aimais encore mieux, ce bou-
can que d'entendre chahuter sur le boulevard;
les portières claquent ils crient ils rient il y en a
qui chantent ils sont déjà soûls et là-haut le sab-
bat continue. Ils me rendent malade j'ai la bouche
pâteuse et ça m'épouvante ces deux petits bou-
tons sur ma cuisse. Je fais attention je ne mange
que des produits de régime mais il y a tout de
même des gens qui les tripotent avec des mains
plus ou moins propres ça n'existe pas l'hygiène
sur cette terre l'air est pollué pas seulement à
cause des autos et des usines mais à cause de ces
millions de bouches sales qui l'avalent et le recra-
chent du matin au soir; quand je pense que je
baigne dans leur haleine j'ai envie de fuir au
fond du désert; comment se garder un corps
propre dans un monde aussi dégueux on est
contaminé par tous les pores de la peau et pourtant j'étais saine nette je ne veux pas qu'ils
m'infectent. Si je devais m'aliter il n'y en a pas

un qui se dérangerait pour me soigner. Je peux bien clamecer avec mon pauvre cœur surmené personne n'en saura rien ça me fout la trouille. Derrière la porte ils trouveront une charogne je puerai j'aurai chié sous moi des rats m'auront bouffé le nez. Crever seule vivre seule non je ne veux pas. Il me faut un homme je veux que Tristan revienne saloperie de monde ils crient ils rient et moi je suis là je sèche sur pied; quarante-trois ans c'est trop tôt c'est injuste je veux vivre. La grande vie j'étais faite pour : le cabriolet l'appartement les robes et tout. Il casquait Florent et pas de comédie — sauf un peu au lit il faut ce qu'il faut — il voulait juste coucher avec moi et m'exhiber dans les boîtes chics j'étais belle ma plus belle époque toutes mes amies crevaient de dépit. Ça me fait mal de me rappeler ce temps-là personne ne me sort plus je reste là à me faire chier. J'en ai marre j'en ai marre.

Salaud de Tristan je veux qu'il m'invite au restaurant au théâtre je l'exigerai je n'exige pas assez tout ce qu'il sait faire c'est de s'amener ici seul ou avec le gosse il me décoche de grands sourires enfarinés et au bout d'une heure il se débine. Même cette nuit pas un geste! Salaud!

Je m'emmerde ce que je m'emmerde c'est pas
humain. Si je dormais ça tuerait le temps. Mais
il y a ce bruit dehors. Et ils ricanent dans ma
tête : « Elle est toute seule. » Ils rigoleront jaune
quand Tristan me reviendra. Il reviendra je l'y
forcerai bien. Je retournerai chez les couturiers
je donnerai des soirées des cocktails on passera
ma photo dans *Vogue* en grand décolleté mes
seins ne craignent personne. « Tu as vu la photo
de Murielle? » Ils seront salement baisés et Francis leur racontera nos sorties le zoo le cirque le
palais de glace je le gâterai ça leur fera rentrer
dans la gorge leurs calomnies et leurs mensonges. Quelle haine! Lucide trop lucide. Ils n'aiment pas qu'on voie clair en eux; moi je suis
vraie je ne joue pas le jeu j'arrache les masques.
Ils ne me le pardonnent pas. Une mère jalouse
de sa fille on aura tout vu. Elle m'a jetée dans les
bras d'Albert pour se débarrasser de moi pour
d'autres raisons aussi non je ne veux pas le
croire. Quelle vacherie de m'avoir poussée à ce
mariage moi si passionnée ardente une flamme
et lui gourmé bourgeois le cœur froid le sexe
comme une nouille. J'aurais su quel homme
aurait convenu à Sylvie. Je la tenais oui j'étais
ferme mais j'étais tendre toujours prête à bavar-
der avec elle je voulais être son amie et j'aurais
baisé les mains de ma mère si elle s'était conduite comme ça avec moi. Mais quel caractère
ingrat! Elle est morte et alors? Les morts ne
sont pas des saints. Elle ne coopérait pas elle ne
me confiait rien. Il y avait quelqu'un dans sa vie
un garçon ou peut-être une fille cette génération
est tellement tordue allez donc savoir. Mais elle
se gardait à carreau. Pas une lettre dans ses
tiroirs et les deux dernières années pas une page
de journal; si elle continuait à en tenir un elle

le cachait drôlement bien même après sa mort je
n'ai rien trouvé. La rage au cœur parce que je
remplissais mes devoirs de mère. Moi l'égoïste
quand elle a fait cette fugue mon intérêt aurait
été de la laisser à son père. Sans elle il me restait
une chance de me refaire une vie. C'est pour son
bien que je me suis rebiffée. Christine avec ses
trois lardons ça l'aurait arrangée une grande
fille de quinze ans à qui elle aurait refilé toutes
les corvées pauvre chou elle ne se rendait pas
compte cette crise de nerfs qu'elle a simulée
devant les flics... Oui les flics. J'allais me gêner.
Elle n'est pas faite pour les chiens la police.
Albert m'offrant de l'argent pour que je renonce
à Sylvie! Toujours de l'argent ce que les hommes
sont bas ils croient que tout peut s'acheter d'a-
bord son fric j'en avais rien à foutre c'était des
clopinettes à côté de ce que me verse Tristan.
Et même dans la débine je n'aurais pas vendu
ma fille. « Laisse donc tomber, elle ne te fait
que des ennuis, cette môme » me disait Dédé.
Elle ne comprend pas ce que c'est qu'une mère
elle n'a jamais pensé qu'à ses plaisirs. Mais on
ne peut pas toujours prendre il faut aussi savoir
donner. J'avais beaucoup à donner à Sylvie j'en
aurais fait une fille bien; et moi je n'exigeais
rien d'elle. J'étais tout dévouement. Cette ingra-
titude! C'était normal que je demande de l'aide
à ce professeur. D'après son journal Sylvie l'adorait et je pensais qu'elle tairait sa gueule la sale
intellectuelle à la noix. Sans doute qu'il y avait
entre elles beaucoup plus que je n'imaginais je
suis restée si candide je ne vois jamais le mal
ces cérébrales c'est toutes des homos. Les criail-
leries de Sylvie après ça et ma mère qui me dé-
clare au téléphone que je n'ai pas le droit de
m'immiscer dans les amitiés de ma fille. Elle a

dit le mot texto *m'immiscer.* « Ah pour ça toi tu ne t'immisçais pas. Et je te prie de ne pas commencer. » Aussi sec. Et j'ai raccroché. Ma propre mère c'est contre nature. Sylvie aurait fini par s'en rendre compte. C'est une des choses qui me ravageaient au cimetière. Je me disais : « Un peu plus tard elle m'aurait donné raison. » L'affreux souvenir le ciel bleu toutes ces fleurs Albert en larmes devant tout le monde on se tient bon Dieu. Moi je me suis tenue et pourtant je savais que ce coup-là je ne m'en relèverais jamais. C'était moi qu'on enterrait. Je suis enterrée. Ils se sont tous ligués pour m'enfoncer. Même cette nuit pas un signe de vie. Ils savent bien que les nuits de fête où tout le monde rigole bouffe et baise les solitaires les endeuillés ont le suicide facile. Ça les arrangerait que je disparaisse ils ont beau m'avoir reléguée je suis un chardon dans leur slip. Ah! non! je ne leur ferai pas ce plaisir. Je veux vivre je veux revivre. Tristan me reviendra on me rendra justice je sortirai de ce merdier. Si je lui parlais maintenant je me sentirais mieux je pourrais peut-être dormir. Il doit être chez lui c'est un couche-tôt, il s'économise. Etre calme amicale ne pas le buter sans ça ma nuit est foutue.

Il ne répond pas. Il n'est pas là ou il ne veut pas répondre. Il a bloqué le timbre il ne veut pas m'entendre. Ils me jugent ils me condamnent et pas un ne m'écoute. Je n'ai jamais puni Sylvie sans l'avoir écoutée c'était elle qui se fermait qui ne voulait pas parler. Hier encore il ne m'a pas laissé lui dire le quart de ce que j'avais à dire et je l'entendais somnoler au bout du fil. C'est décourageant. Je raisonne je m'explique je démontre; pas à pas patiemment je les accule à la vérité je m'imagine qu'ils me suivent et puis je deman-

de : « Qu'est-ce que je viens de dire? » Ils ne
savent pas ils se collent des boules Quiès menta-
les dans les oreilles et si une phrase se faufile
à travers ils répondent des conneries. Je recommence j'accumule de nouveaux arguments :
même jeu. Albert pour ça c'était un champion
mais Tristan n'est pas mal non plus. « Tu devrais
m'emmener en vacances avec le petit. » Il ne répond pas il parle d'autre chose. Les enfants sont
forcés d'écouter mais ils se débrouillent ils ou-
blient. « Qu'est-ce que j'ai dit Sylvie? — Tu as
dit que quand on est désordonné dans les petites
choses on l'est aussi dans les grandes et que je
dois ranger ma chambre avant de sortir. » Et
puis le lendemain elle ne la rangeait pas. Tristan
quand je l'oblige à m'entendre et qu'il ne peut
rien rétorquer — un fils a besoin de sa mère une
mère ne peut pas se passer de son enfant c'est
tellement évident avec la pire mauvaise foi ça ne
peut pas se nier — alors il prend la porte il
dévale les étages quatre à quatre pendant que je
crie dans la cage de l'escalier et je m'arrête vite
de peur que les voisins ne me prennent pour une
cinglée; c'est tellement lâche il sait bien que je
déteste le scandale déjà que j'ai une drôle de
réputation dans la maison forcément leurs
conduites sont si bizarres — dénaturées — que
certaines des miennes le sont aussi. Ah! merde
alors je me tenais toujours si bien ça me cassait
le cul le sans-gêne de Tristan son rire bruyant sa
grosse voix j'aurais voulu qu'il crève quand il
chahutait en public avec Sylvie.

Le vent! Soudain il s'est mis à souffler en tornade que j'aimerais un grand cataclysme qui
balaierait tout et moi avec un typhon un cyclone
mourir me reposerait s'il ne restait personne
pour penser à moi; leur abandonner mon cada-

vre ma pauvre vie non! Mais plonger tous ensemble dans le néant ce serait bien; je suis fatiguée de me battre contre eux même quand je suis seule ils me persécutent c'est épuisant qu'on en finisse! Hélas! Je ne l'aurai pas mon typhon je n'ai jamais rien de ce que je veux. Ce n'est qu'un petit vent très banal il aura arraché quelques tuiles quelques cheminées tout est mesquin en ce monde la nature comme les hommes. Il n'y a que moi qui rêve grand et j'aurais mieux fait d'en rabattre tout me déçoit toujours.

Peut-être que je devrais me fourrer mes trucs dans le cul et me coucher. Mais je suis encore trop vivace je m'agiterais dans le lit. Si je l'avais eu au téléphone si on s'était parlé gentiment je me serais calmée. Il s'en branle. Je suis là ravagée par des souvenirs déchirants je l'appelle et il ne répond pas. Ne pas l'engueuler ne pas commencer par l'engueuler ça ferait tout foirer. J'ai peur de demain. Je devrai être prête avant quatre heures je n'aurai pas fermé l'œil je descendrai acheter des petits fours que Francis écrasera sur la moquette il cassera un de mes bibelots il n'est pas dressé cet enfant et maladroit comme son père qui foutra de la cendre partout et si je fais une observation Tristan m'incendiera il n'a jamais pu admettre c'est tout de même gigantesque que je tienne proprement ma maison. Il est impeccable en ce moment ce salon net lustré brillant comme la lune d'autrefois. Demain soir à sept heures tout sera salopé je devrai me taper un grand nettoyage lessivée comme je le serai. Ça me lessivera de tout lui réexpliquer de *a* à *z*. Il est coriace. Quelle cloche j'ai été de lâcher Florent pour lui! On s'entendait Florent et moi il casquait je m'allongeais c'était plus propre que les histoires où on se raconte des histoires. Je suis trop sentimentale ça me semblait une grande preuve d'amour qu'il m'offre le mariage et il y avait Sylvie la petite ingrate je voulais qu'elle ait un vrai foyer et une mère irréprochable une femme mariée la femme d'un banquier. Moi ça me cassait le cul de jouer à la dame de fréquenter des emmerdeurs. Pas étonnant si de temps en temps j'explosais. « Tu t'y prends mal avec Tristan » me disait Dédé. Et plus tard : « Je te l'avais bien dit ! » C'est vrai que je suis entière je rue dans les brancards je ne calcule pas. Peut-être j'aurais appris à composer sans toutes ces frustrations. Tristan me faisait chier je le lui ai montré. Les gens n'acceptent pas qu'on leur dise leurs vérités. Ils veulent qu'on croie leurs belles paroles ou du moins qu'on fasse semblant. Moi je suis lucide je suis franche j'arrache les masques. La dadame qui susurre : « On l'aime bien son petit frère ? » Et moi d'une petite voix posée : « Je le déteste. » Je suis restée cette petite bonne femme qui dit ce qu'elle pense qui ne triche pas. Ça me faisait mal aux seins de l'entendre pontifier et tous ces cons à genoux devant lui. Je m'amenais avec mes gros sabots leurs grands mots je les leur dégonflais : le progrès la prospérité l'avenir de l'homme le bonheur de l'humanité l'aide aux pays sous-développés la paix dans le monde. Je ne suis pas raciste mais je m'en branle des Bicots des Juifs des Nègres juste comme je m'en branle des Chinetoques des Russes des Amerlos des Français. Je m'en branle de l'humanité qu'est-ce qu'elle a fait pour moi je me le demande. S'ils sont assez cons pour s'égorger se bombarder se napalmiser s'exterminer je n'userai pas mes yeux à pleurer. Un million d'enfants

massacrés et après? les enfants ce n'est jamais
que de la graine de salauds ça désencombre un
peu la planète ils reconnaissent qu'elle est sur-
peuplée alors quoi? Si j'étais la terre ça me
dégoûterait toute cette vermine sur mon dos je
la secouerais. Je veux bien crever s'ils crèvent
tous. Des gosses qui ne me sont rien je ne vais
pas m'attendrir sur eux. Ma fille à moi est morte
et on m'a volé mon fils.

Je l'aurais reconquise. J'en aurais fait quelqu'un de bien. Mais il m'aurait fallu du temps.
Tristan ne m'aidait pas le sale égoïste nos disputes l'ennuyaient il me disait : « Laisse-la tranquille. » On ne devrait pas avoir d'enfant en un
sens Dédé a raison ils ne vous rapportent que des
emmerdements. Mais si on en a il faut les élever
correctement. Tristan prenait toujours le parti
de Sylvie; or même si j'avais tort — mettons que
ça me soit arrivé — c'est détestable pédagogique-
ment qu'un des parents désavoue l'autre. Il la
soutenait même lorsque j'avais raison. A propos
de la petite Jeanne; ça m'attendrit de repenser à
elle à son regard humide et adorant; ça peut être
si gentil une petite fille elle me rappelait mon
enfance mal habillée négligée talochée rabrouée
par sa concierge de mère toujours au bord des
larmes; elle me trouvait belle elle caressait mes
fourrures elle me rendait de petits services et je
lui refilais des sous en cachette je lui donnais
des bonbons pauvre choute. Elle avait l'âge de
Sylvie j'aurais voulu qu'elles soient amies Sylvie
m'a bien déçue. Elle grognait : « Je m'ennuie avec
Jeanne. » Je lui expliquais qu'elle manquait de
cœur je la grondais je la punissais. Tristan la
défendait sous prétexte que l'amitié ne se com-
mande pas ça a duré longtemps cette bagarre
je voulais que Sylvie apprenne la générosité

c'est la petite Jeanne à la fin qui s'est défilée.

Ça s'est un peu calmé là-haut. Des pas des voix dans l'escalier des portières qui claquent encore leur tam-tam à la con mais ils ne dansent plus. Je vois ça. C'est le moment où on baise dans les plumards sur les divans par terre dans les autos l'heure des grands dégueulis où on recrache la dinde et le caviar c'est immonde j'ai l'impression que ça sent le vomi je vais brûler un bâton d'encens. Si je pouvais dormir je n'ai pas sommeil l'aube est encore loin c'est une heure lugubre et Sylvie est morte sans m'avoir comprise je ne m'en guérirai pas. Cette odeur d'encens c'est celle du service funèbre; les cierges les fleurs le catafalque : mon désespoir. Morte; c'était impossible! Pendant des heures et des heures je suis restée assise auprès de son cadavre pensant mais non elle va se réveiller je vais me réveiller. Tant d'efforts de luttes de drames de sacrifices : en vain. L'œuvre de ma vie volatilisée. Je ne laissais rien au hasard; et le plus cruel des hasards s'est mis au travers de ma route. Sylvie est morte. Cinq ans déjà. Elle est morte. Pour toujours. Je ne le supporte pas. Au secours j'ai mal j'ai trop mal qu'on me sorte de là je ne veux pas que ça recommence la dégringolade non aidez-moi je n'en peux plus ne me laissez pas seule...

Qui appeler? Albert Bernard raccrocheront illico; il chialait devant tout le monde mais cette nuit il a bâfré et rigolé et c'est moi qui me souviens et qui pleure. Ma mère; une mère c'est tout de même une mère je ne lui ai rien fait c'est elle qui m'a bousillé mon enfance elle m'a insultée elle a osé me dire... Je veux qu'elle retire ce qu'elle a dit je ne continuerai pas à vivre avec ce cri dans mes oreilles une fille ne supporte pas d'être maudite par sa mère même si c'est la dernière des putes.

« C'est toi qui m'as appelée?... Ça m'étonnait aussi mais enfin ça aurait pu arriver une nuit pareille que tu penses à mon chagrin et que tu te dises qu'entre mère et fille on ne peut pas rester brouillées jusqu'à la mort; surtout que je ne vois vraiment pas ce que tu peux me reprocher... Ne hurle pas comme ça... »

Elle a raccroché. Elle veut la paix. La garce elle me vitriole et il faut que je la boucle. Quelle haine! Elle m'a toujours haïe, elle a fait d'une pierre deux coups en me mariant à Albert : elle assurait ses plaisirs et mon malheur. Je ne voulais pas l'admettre je suis trop propre trop blanche mais ça saute aux yeux. C'est elle qui l'a harponné au cours de gymnastique et elle se l'est envoyé crado comme elle était ça n'avait rien de ragoûtant de se la farcir mais avec les hommes qui lui étaient passés sur le corps elle devait en connaître des trucs et des machins c'était le genre à se mettre à cheval sur le mec je la vois d'ici c'est tellement dégueux la façon dont les bonnes femmes baisent. Elle était trop vioque pour le garder elle s'est servie de moi ils ricanaient dans mon dos et ils ont remis ça; le jour où je suis rentrée à l'improviste elle était toute rouge. A quel âge s'est-elle arrêtée? Peut-être qu'elle s'envoie des gigolos elle est moins pauvre qu'elle ne le dit elle aura gardé des bijoux qu'elle écoule en douce. Moi je trouve que dès cinquante ans il faut avoir la décence de renoncer; j'ai renoncé bien avant depuis mon deuil. Ça ne m'intéresse plus je suis barrée je ne pense plus jamais à ces choses-là pas même en rêve. Cette momie ça donne le frisson d'imaginer son entre-jambes elle dégouline de parfums mais par en

dessous elle sent elle se maquillait elle se pom-
ponnait elle ne se lavait pas pas ce que j'appelle se laver quand elle faisait semblant de se
doucher c'était pour montrer son cul à Nanard.
Son fils son gendre : ça donne envie de dégobil-
ler. Ils me diraient : « Tu as de la boue dans la
tête. » Ils savent y faire. Si on leur fait remarquer qu'ils pataugent dans la merde ils gueulent
que c'est vous qui avez les pieds sales. Mes
bonnes petites amies elles auraient voulu me
cocufier les femmes c'est toutes des fumiers et
lui qui me criait : « Tu es ignoble. » La jalousie
n'est pas ignoble le vrai amour a bec et ongles.
Je n'étais pas de celles qui acceptent le partage
ou la partouze comme Christine je voulais qu'on
soit un couple propre un couple bien. Je sais
me tenir mais je ne suis pas une lavette les
éclats ne m'ont jamais fait peur. Je n'ai pas
permis qu'on me bafoue je peux me retourner
sur mon passé : rien de moche rien d'équivoque.
Mais je suis le merle blanc.

Pauvre merle blanc : il est seul au monde.
C'est ça qui les emmerde : je suis quelqu'un de
trop bien. Ils voudraient me supprimer ils m'ont
mise en cage. Enfermée claquemurée je finirai
par mourir d'ennui vraiment mourir. Il paraît
que ça arrive même à des nourrissons quand
personne ne s'occupe d'eux. Le crime parfait
qui ne laisse pas de trace. Déjà cinq ans de ce
supplice. Ce con de Tristan qui me dit : voyage
tu as assez d'argent. Assez d'argent pour voyager
miteusement comme autrefois avec Albert : on
ne m'y reprendra pas. C'est toujours moche la
pauvreté mais en voyage! Je ne suis pas snob
les palaces de luxe avec les femmes emperlousées
et les chichis des portiers j'ai fait voir à Tristan
que ça ne m'épatait pas. Mais les piaules de

deuxième ordre et les gargotes ah! non alors!
Des draps douteux des nappes sales dormir dans
la sueur des autres dans leur crasse manger
avec des couverts mal lavés il y a de quoi
attraper des morpions ou la vérole et les odeurs
me font vomir; sans compter que je me constipe
à mort parce que les chiottes où tout le monde
chie ça me bloque net; la fraternité de la merde
très peu pour moi. Et puis à quoi ça rime de se
balader seule? Avec Dédé on se marrait c'est
chic deux belles filles en décapotable cheveux
au vent; à Rome la nuit sur la Piazza del Popolo
on faisait une drôle d'esbroufe. Avec d'autres
copains aussi j'ai rigolé. Mais seule! à mon âge
de quoi on a l'air sur les plages, dans les casinos
si on n'a pas un homme avec soi? Les musées les
ruines j'en ai eu ma claque avec Tristan. Je ne
suis pas une hystérique je ne tombe pas en
transes devant des colonnes cassées ou de vieilles baraques déglinguées. Les gens des siècles
passés je m'en torche ils sont morts c'est leur
seule supériorité sur les vivants mais en leur
temps ils étaient aussi chiants. Le pittoresque :
je ne marche pas; de la crasse qui pue du linge
sale des trognons de chou ce qu'il faut être snob
pour se pâmer! Et toujours partout c'est pareil
qu'ils bouffent des frites de la paëlla ou de la
pizza c'est la même engeance une sale engeance
les riches qui vous éclaboussent les pauvres qui
en veulent à votre fric les vieux qui radotent les
jeunes qui ricanent les hommes qui plastronnent
les femmes qui ouvrent les cuisses. J'aime encore
mieux rester dans mon trou à lire une série noire
bien qu'elles soient devenues tellement cons. La
télé aussi quelle bande de cons! J'étais faite
pour une autre planète je me suis trompée de
destination.

Qu'est-ce qu'ils ont à chahuter juste sous mes fenêtres? Ils restent là à côté des bagnoles ils ne se décident pas à mettre les bouts. Qu'est-ce qu'ils peuvent bien se raconter? Des morveux des morveuses grotesques avec leurs mini et leurs collants je leur souhaite d'attraper la crève elles n'ont donc pas de mère? et les garçons avec leurs cheveux dans le cou. Ceux-là vus de loin ils ont l'air à peu près propres. Mais tous ces beats qui élèvent des poux si le préfet de police avait un peu de poigne il les foutrait en tôle. Quelle jeunesse! Ça se drogue ça s'entre-baise ça ne respecte rien. Je vais leur vider un seau d'eau sur la tête. Ils sont capables de forcer ma porte de me casser la gueule je suis sans défense il vaut mieux refermer la fenêtre. La fille de Rose il paraît que c'est ce genre-là et Rose joue à la sœur aînée elles ne se quittent pas c'est cul et chemise. Pourtant elle la tenait serré elle lui donnait même des taloches elle ne prenait pas la peine de la raisonner elle était capricieuse arbitraire; je déteste les caprices. Oh! Rose aura de drôles de lendemains Dédé le dit bien d'ici que Danielle lui revienne enceinte... Moi j'aurais fait de Sylvie une fille bien. Je lui donnerais des robes des bijoux je serais fière d'elle nous sortirions ensemble. Il n'y a pas de justice. C'est ça qui me rend folle : l'injustice. Quand je pense à la mère que j'ai été! Tristan l'a reconnu; je l'ai obligé à le reconnaître. Et après ça, il me crie qu'il est prêt à tout pour ne pas me laisser Francis;. ils se foutent de la logique ils disent n'importe quoi et ils se sauvent en courant. Il dévale les étages quatre à quatre pendant que je crie dans la cage de l'escalier. Il ne m'aura pas comme ça. Je le forcerai à me rendre justice : je le jure sur ma propre tête. Il me rendra ma place au foyer ma place sur terre.

Je ferai de Francis un gosse bien on verra quelle
mère je suis.

Ils me font crever les salauds. La corrida de
demain me tue. Je veux gagner. Je veux je veux
je veux je veux je veux. Je vais me tirer les cartes. Non. En cas de malheur je me jette par la fenêtre je ne veux pas ça les ferait trop bicher.
Penser à autre chose. A des choses gaies. Le petit
Bordelais. On n'attendait rien l'un de l'autre on
ne se posait pas de questions on ne se faisait pas
de promesses on se mettait au pieu et on s'aimait. Ça a duré trois semaines et il est parti pour
l'Afrique j'ai pleuré pleuré. C'est un souvenir qui
me repose. Ces choses-là ça n'arrive qu'une fois
dans la vie. Dommage! Quand j'y repense je me
dis que si on avait su m'aimer j'aurais été la tendresse même. Les fumiers ils m'ont sciée ils se
foutent du tiers et du quart chacun peut crever
dans son coin les maris cocufier leurs femmes les
mères branler leurs gosses pas d'histoire bouche
cousue ça m'écœure cette prudence et qu'on n'ait
pas le courage de ses opinions. « Ton frère il est
tout de même trop radin » c'est Albert qui me l'a
fait remarquer j'ai trop de noblesse pour m'arrêter à ces choses-là mais c'est vrai qu'ils bouf-
faient trois fois plus que nous et qu'on partageait
l'addition en deux mille trucs comme ça. Et
après il me fait des reproches : « Tu n'aurais pas
dû lui répéter. » Sur la plage ça s'était donné du
gâteau. Etiennette pleurait les larmes sur ses
joues on aurait dit du suif. « Maintenant qu'il
sait il se corrigera » je lui ai répondu. J'étais
naïve : je croyais qu'ils pouvaient se corriger
qu'en les raisonnant on pouvait les éduquer.
« Voyons Sylvie réfléchis. Tu sais combien elle
coûte cette robe? et combien de fois la mettras-
tu? On va la rendre. » C'était toujours à recom-

mencer je m'épuisais. Nanard restera radin jusqu'à la fin de ses jours. Albert de plus en plus
sournois menteur cachottier. Tristan toujours
aussi suffisant pontifiant. Je me cassais le cul
pour rien. Quand j'ai essayé d'apprendre à Etiennette à s'habiller Nanard m'a engueulée : elle
avait vingt-deux ans et je la déguisais en vieille
institutrice! Elle a continué à se boudiner dans
de petites robes bariolées. Et Rose qui m'a crié :
« Tu es méchante! » Je lui avais parlé par loyauté il faut que les femmes se tiennent entre elles.
Qui m'a été reconnaissant? Je leur ai prêté de
l'argent sans leur demander d'intérêts aucun ne
m'en a su gré certains ont même râlé quand j'ai
réclamé d'être remboursée. Les copines que je
comblais de cadeaux elles m'accusaient de faire
de l'esbroufe. Et il faut voir comment ils se défi-
laient les gens à qui j'avais rendu service Dieu
sait pourtant que je n'abusais pas. Je ne suis pas
de ceux qui croient que tout leur est dû. Tante
Marguerite : « Pendant que tu seras en croisière
cet été peux-tu nous prêter ton appartement? »
Ah! merde alors les hôtels ne sont pas faits pour
les chiens et s'ils n'avaient pas les moyens de se
payer un séjour à Paris ils n'avaient qu'à rester
dans leur trou. C'est sacré un appartement j'aurais eu l'impression d'un viol. C'est comme Dédé : « Il ne faut pas se laisser bouffer » qu'elle
me dit. Mais elle me boufferait volontiers. « Tu
n'as pas un manteau du soir à me prêter? tu ne
sors jamais. » Je ne sors jamais mais je suis sortie; ce sont mes robes mes manteaux ils me rap-
pellent un tas de souvenirs je ne veux pas qu'une
morue prenne ma place dedans. Et après ils sen-
tent. Si je mourais maman et Nanard se partage-
raient mes défroques ah! non je veux vivre jusqu'à ce que les mites aient tout dévoré ou alors

si j'ai un cancer je foutrai tout en l'air. On a
assez profité de moi Dédé la première. Elle buvait mon whisky elle se pavanait dans mon cabriolet. Maintenant, elle joue l'amie au grand
cœur. Mais elle n'a pas même été foutue de m'appeler de Courchevel cette nuit. Quand son cocu
voyage et qu'elle s'emmerde alors oui elle ramène
son gros cul même si je n'en ai aucune envie.
Mais c'est le jour de l'an je suis seule je me
ronge. Elle danse elle rigole pas une minute elle
n'a pensé à moi. Personne jamais ne pense à moi.
Comme si j'étais effacée du monde. Comme si je
n'avais jamais existé. Est-ce que j'existe? Oh! je
me suis pincée si fort que je vais avoir un bleu.

Quel silence! Plus une auto plus un pas dans
la rue pas un bruit dans la maison un silence de
mort. Le silence de la chambre mortuaire et leurs
regards sur moi leurs regards qui me condam-
naient sans qu'on m'ait entendue et sans appel.
Ah! ils sont forts. Tous leurs remords ils me les
ont collés sur le dos le bouc émissaire idéal et enfin ils pouvaient inventer un prétexte à leur
haine. Mon malheur ne l'a pas désarmée. Il me
semble pourtant que Satan en personne m'aurait prise en pitié.

Toute ma vie il sera deux heures de l'après-
midi un mardi de juin. « Mademoiselle dort trop
fort je ne peux pas la réveiller. » Mon cœur a
sauté je me suis précipitée en criant : « Sylvie tu
es malade? » Elle avait l'air de dormir elle était
encore tiède. C'était fini depuis plusieurs heures
m'a dit le médecin. J'ai hurlé j'ai tourné dans la
chambre comme une folle. Sylvie Sylvie pourquoi m'as-tu fait ça! Je la revois calme détendue
et moi égarée et ce petit mot pour son père ça ne
signifiait rien je l'ai déchiré il faisait partie de la
mise en scène ce n'était qu'une mise en scène.

j'étais sûre je suis sûre — une mère connaît sa
fille — qu'elle n'avait pas voulu mourir mais
elle avait forcé la dose elle était morte quelle horreur! C'est trop facile avec ces drogues qu'on se
procure n'importe comment; ces gamines pour
un oui pour un non elles jouent au suicide; Sylvie a suivi la mode : elle ne s'est pas réveillée. Et
ils sont arrivés ils embrassaient Sylvie aucun ne
m'a embrassée et ma mère a crié : « Tu l'as
tuée! » Ma mère ma propre mère. Ils l'ont fait
taire mais leurs visages leur silence le poids de
leur silence. Oui, si j'étais de ces mères qui se
lèvent à sept heures du matin on l'aurait sauvée
moi je vis sur un autre rythme ce n'est pas cri-
minel comment aurais-je deviné? J'étais toujours
là quand elle revenait du lycée beaucoup de mères ne peuvent pas en dire autant prête à bavar-
der avec elle à l'interroger c'est elle qui s'enfer-
mait dans sa chambre sous prétexte de travailler.
Jamais je ne lui ai manqué. Et ma mère elle qui
m'a négligée délaissée elle a osé! Je n'ai rien su
répondre ça tournait dans ma tête je n'y voyais
plus clair. « Si j'avais été l'embrasser cette nuit
en rentrant... » Mais je respectais son sommeil et
elle m'avait paru presque gaie dans l'après-midi.
Quel supplice ces journées! J'ai cru vingt fois
que j'allais craquer. Les camarades les professeurs déposaient des bouquets sur le cercueil
sans me dire un mot; si une fille se tue la mère
est coupable; c'est comme ça qu'elles raisonnent
par haine contre leur propre mère. Une curée.
J'ai failli me laisser avoir. Après l'enterrement
je suis tombée malade. Je me répétais : « Si je
m'étais levée à sept heures... Si j'avais été l'embrasser en rentrant... » Il me semblait que tout
le monde avait entendu le cri de ma mère je
n'osais plus sortir de chez moi je me faufilais le

long des murs le soleil me clouait au pilori je
croyais que les gens me regardaient qu'ils chu-
chotaient qu'on me montrait du doigt assez assez
j'aime mieux mourir sur place que de revivre ces
heures-là. J'ai maigri de dix kilos, un squelette je
perdais l'équilibre je titubais. « Psychosomati-
que » a dit le médecin. Tristan m'a donné du fric
pour la clinique. C'est fou les questions que je
me posais j'aurais pu en devenir folle. Un faux
suicide elle avait voulu emmerder quelqu'un :
qui? Je ne l'avais pas assez surveillée j'aurais dû
ne pas la lâcher d'une semelle la faire suivre en-
quêter démasquer le coupable un garçon ou une
fille peut-être cette salope de professeur. « Non
Madame il n'y avait personne dans sa vie. » Elles
n'en ont pas démordu les deux chipies et leurs
regards m'assassinaient; elles se tiennent toutes
la conspiration du mensonge jusque par-delà la
mort. Mais elle ne m'ont pas eue. Je sais. A son
âge avec les mœurs d'aujourd'hui impossible
qu'il n'y ait eu personne. Peut-être était-elle enceinte ou elle était tombée dans les pattes d'une
gouine ou sur une bande de débauchés quelqu'un
la faisait chanter et abusait d'elle en la menaçant
de tout me dire. Ah! je ne veux rien imaginer. Tu
pouvais tout me dire ma Sylvie je t'aurais tirée
de cette sale histoire. C'était sûrement une sale
histoire pour qu'elle ait écrit à Albert : « Papa je
te demande pardon mais je n'en peux plus. » A
lui elle ne pouvait pas parler ni aux autres; ils la
cajolaient mais c'étaient des étrangers. A moi
seule elle aurait pu se confier.

Sans eux. Sans leur haine. Salauds! Vous avez
failli m'avoir mais vous ne m'avez pas eue. Je ne
suis pas votre bouc émissaire; les remords je les
ai secoués. Je vous ai crié vos vérités chacun son
paquet et je n'ai pas peur de votre haine je passe

au travers. Salauds! ce sont eux qui l'ont tuée. Ils
me couvraient de boue ils la dressaient contre
moi ils la traitaient en martyre ça la flattait toutes les gosses aiment jouer à la martyre; elle a
pris son rôle au sérieux elle se méfiait de moi elle
ne racontait rien. Pauvre môme. Elle avait besoin de mon appui de mes conseils ils l'en ont
privée ils l'ont condamnée au silence elle n'a pas
su s'en tirer seule elle a monté cette comédie et
elle en est morte. Assassins! ils l'ont tuée Sylvie
ma Sylvette ma petite aimée. Je t'aimais. Aucune
mère n'aurait pu être plus dévouée; je ne pensais qu'à ton bien. J'ouvre l'album de photographies je regarde toutes les Sylvie! ce visage d'enfant un peu hagard ce visage secret d'adolescente. A la fille de dix-sept ans qu'on m'a assas-
sinée je dis les yeux dans les yeux : « J'ai été la
meilleure des mères. Tu m'aurais remerciée
plus tard. »

Ça m'a soulagée de pleurer et je commence à
avoir sommeil. Ne pas m'endormir dans ce fauteuil je me réveillerai ça sera de nouveau foutu.
Prendre mes suppositoires me coucher. Mettre le
réveil à midi avoir le temps de me préparer. Il
faut que je gagne. Un homme dans la maison
mon petit garçon que j'embrasserai le soir toute
cette tendresse qui ne sert à rien. Et puis ça serait la réhabilitation. Quoi? je m'endors je déblo-
que. Ça sera un camouflet en travers de leurs
gueules. C'est quelqu'un Tristan ils le respectent.
Je veux qu'il témoigne pour moi : ils seront obli-
gés de me rendre justice. Je vais l'appeler. Le
convaincre cette nuit même...
    « C'est toi qui m'as appelée... Ah! j'ai cru que
c'était toi. Tu dormais excuse-moi mais je suis
contente d'entendre ta voix c'est si moche cette

nuit personne ne m'a donné signe de vie ils savent pourtant que quand on a eu un grand malheur on ne supporte pas les fêtes tout ce bruit
ces lumières tu as remarqué jamais Paris n'a été
aussi illuminé que cette année ils ont de l'argent
à gaspiller ils feraient mieux de réduire les im-
pôts je me calfeutre chez moi pour ne pas voir
ça. Je n'arrive pas à dormir je suis trop triste
trop seule je rumine des choses il faut que je
discute avec toi sans se disputer surtout en bonne amitié écoute-moi bien c'est vraiment très important ce que j'ai à te dire je ne fermerai pas
l'œil tant que ça ne sera pas réglé. Tu m'écoutes
oui? Toute la nuit j'ai réfléchi je n'avais rien
d'autre à faire et vraiment je t'assure c'est anormal cette situation on ne va pas continuer comme ça enfin nous sommes toujours mariés quel
gaspillage ces deux appartements tu revendrais
le tien pour au moins vingt millions et je ne te
dérangerais pas n'aie pas peur pas question de
reprendre la vie conjugale on ne s'aime plus
d'amour je m'enfermerais dans la chambre du
fond ne m'interromps pas tu pourrais avoir toutes les nanas que tu voudrais je m'en torche mais
puisqu'on est restés amis il n'y a pas de raison
pour qu'on ne vive pas sous le même toit. Et pour
Francis il faut. Pense un peu à lui je n'ai fait que
ça toute la nuit et je me ravage. C'est mauvais
pour un gosse d'avoir des parents séparés ils deviennent sournois vicieux menteurs ils ont des
complexes ils ne s'épanouissent pas. Je veux que
Francis s'épanouisse. Tu n'as pas le droit de le
priver d'un vrai foyer... Mais si revenons là-dessus tu te défiles toujours mais cette fois je veux
que tu m'écoutes. C'est trop égoïste c'est même
un peu monstrueux : priver un fils de sa mère
une mère de son fils. Sans raison. Je n'ai pas de

vices je ne bois pas je ne me drogue pas et tu as
reconnu que j'étais la plus dévouée des mères.
Alors? Ne m'interromps pas. Si tu penses à tes
petites histoires je te répète que je t'empêcherai
pas de baiser. Ne me réponds pas que je suis
invivable que je te dévorais que je t'usais. Oui
j'étais un peu difficile c'est ma nature de ruer
dans les brancards; mais si tu avais eu un peu de
patience si tu avais cherché à me comprendre et
su me parler au lieu de te braquer ça aurait
mieux marché entre nous tu n'es pas un saint toi
non plus il ne faudrait pas croire; enfin le passé
est le passé; j'ai changé; tu t'en rends bien
compte : j'ai souffert j'ai mûri je supporte des
choses que je ne supportais pas laisse-moi parler tu n'as pas à craindre des éclats on coexis-
tera gentiment et le petit sera heureux comme il
a le droit de l'être je ne vois pas ce que tu peux
objecter... Pourquoi n'est-ce pas une heure pour
en parler? C'est une heure qui me convient très
bien. Tu peux tout de même me sacrifier cinq
minutes de sommeil moi je ne fermerai pas l'œil
tant que la question ne sera pas réglée ne sois
pas toujours égoïste c'est trop vache d'empêcher
les gens de dormir ils en deviennent cinglés je ne
veux pas. Sept ans que je croupis toute seule
comme une maudite et la sale clique ricane tu me
dois bien une revanche laisse-moi parler tu as
beaucoup de dettes envers moi sais-tu parce que
ce n'est tout de même pas très propre la manière
dont tu t'es conduit; tu m'as fait le coup de la
passion j'ai plaqué Florent et rompu avec mes
copains et puis tu m'as laissée tomber tous tes
amis m'ont tourné le dos; pourquoi as-tu fait
semblant de m'aimer? Quelquefois je me demande si ce n'était pas un coup monté... Oui un
coup monté : c'est tellement incroyable ce grand

amour et puis ce lâchage... Tu ne t'étais pas
rendu compte? de quoi? Ne me répète pas que je
t'ai épousé par intérêt j'avais Florent je pouvais
en avoir des flopées et figure-toi que d'être ta
femme ça ne m'éblouissait pas tu n'es pas Napoléon quoi que tu en penses ne me répète pas ça ou
je hurle tu ne dis rien mais je t'entends rouler
des mots dans ta bouche ne les dis pas c'est faux
c'est faux à hurler tu m'as fait le coup de
l'amour fou et je me suis laissée avoir... Non ne
me dis pas : écoute Murielle je connais par cœur
tes réponses tu me les as rabâchées cent fois assez de bobards avec moi ça ne marche pas et ne
prends pas cet air excédé oui je dis cet air excédé
je te vois dans l'écouteur. Tu as été encore plus
moche qu'Albert il était jeune quand on s'est
mariés toi tu avais quarante-cinq ans tu devais
mesurer tes responsabilités. Enfin bon le passé
est le passé. Je te promets que je ne te ferai pas
de reproches. On efface tout on repart du bon
pied je peux être douce et gentille tu sais si on
n'est pas trop vache avec moi. Allons dis-moi que
c'est entendu demain on réglera les détails...
   « Salaud! tu te venges tu me tortures parce
que je n'ai pas bavé devant toi mais moi le fric
ça ne m'épate pas ni les grands airs ni les grands
mots. " Jamais pour rien au monde " c'est ce
qu'on va voir. Je me défendrai. Je parlerai à
Francis je lui dirai qui tu es. Et si je me tuais
devant lui crois-tu que ça lui ferait un beau souvenir?... Non ce n'est pas du chantage sale con
pour la vie que j'ai ça ne me coûterait pas va de
me descendre. Il ne faut pas pousser les gens à
bout ils deviennent capables de tout on voit même des mères qui se suicident avec leur gosse... »
   Salaud! ordure! il a raccroché... Il ne répond
pas il ne répondra pas. Salaud. Ah! mon cœur

me lâche je vais crever. J'ai mal j'ai trop mal ils
me tuent à petit feu je n'en peux plus je me descendrai dans son salon je m'ouvrirai les veines
quand ils se ramèneront il y aura du sang partout et je serai morte... Ah! j'ai cogné trop fort je
me suis fêlé le crâne c'est sur eux qu'il faut co-
gner. La tête contre les murs non non je ne de-
viendrai pas folle ils n'auront pas ma peau je me
défendrai je trouverai des armes. Quelles armes
salauds salauds je vais m'étouffer mon cœur va
lâcher je dois me calmer...

   ... Mon Dieu! Faites que vous existiez! Faites
qu'il y ait un ciel et un enfer je me promènerai
dans les allées du paradis avec mon petit garçon
et ma fille chérie et eux tous ils se tordront dans
les flammes de l'envie je les regarderai rôtir et
gémir je rirai je rirai et les enfants riront avec
moi. Vous me devez cette revanche mon Dieu.
J'exige que vous me la donniez.

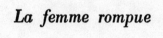

La femme rompue

Lundi 13 septembre. Les Salines.

C'est un extraordinaire décor, cette ébauche de ville abandonnée aux lisières d'un village et en marge des siècles. J'ai longé une moitié de l'hémicycle, j'ai monté l'escalier du pavillon central; longtemps j'ai contemplé la sobre majesté de ces bâtiments édifiés à des fins utilitaires et qui n'ont jamais servi à rien. Ils sont solides, ils sont vrais; cependant leur délaissement les transforme en un simulacre fantastique : on se demande de quoi. L'herbe chaude, sous le ciel d'automne, et l'odeur des feuilles mortes m'assuraient que je n'avais pas quitté ce monde, mais j'avais reculé de deux cents ans dans le passé. J'ai été chercher des affaires dans l'auto; j'ai posé par terre une couverture, des coussins, le transistor, et j'ai fumé en écoutant du Mozart. Derrière deux ou trois fenêtres poussiéreuses, je devine des présences : ce sont sans doute des bureaux. Un camion s'est arrêté devant une des lourdes portes, des hommes l'ont ouverte, ils ont chargé des sacs à l'arrière de la voiture. Rien d'autre n'a dérangé le silence de cet après-midi : pas un visiteur.

Le concert fini, j'ai lu. Double dépaysement;
je m'en allais très loin, au bord d'un fleuve
inconnu; je levais les yeux, et je me retrouvais
parmi ces pierres, loin de ma vie.

Car le plus surprenant, c'est ma présence ici,
et sa gaieté. Je redoutais la solitude de cette re-
montée vers Paris. Jusqu'ici, à défaut de Maurice, les petites m'accompagnaient dans tous mes
voyages. Je pensais que les ravissements de Colette, les exigences de Lucienne allaient me manquer. Et voilà que m'est rendue une qualité de
joie oubliée. Ma liberté me rajeunit de vingt ans.
Au point que, le livre fermé, je me suis mise à
écrire pour moi-même, comme à vingt ans.

Jamais je ne quitte Maurice d'un cœur léger.
Le congrès ne dure qu'une semaine et pourtant,
tandis que nous roulions de Mougins à l'aérodrome de Nice, j'avais la gorge serrée. Il était
ému, lui aussi. Quand le haut-parleur a appelé
les voyageurs pour Rome, il m'a embrassée très
fort : « Ne te tue pas en voiture. — Ne te tue pas
en avion. » Avant de disparaître, il a tourné encore une fois la tête vers moi : il y avait dans
ses yeux une anxiété qui m'a gagnée. Le décol-
lage m'a paru dramatique. Les quadrimoteurs
s'envolent en douceur, c'est un long au revoir.
Le jet s'est arraché du sol avec la brutalité d'un
adieu.

Mais bientôt, j'ai commencé à jubiler. Non,
l'absence de mes filles ne m'attristait pas : au
contraire. Je pouvais conduire aussi vite, aussi
lentement qu'il me plaisait, aller où je voulais,
m'arrêter quand ça me chantait. J'ai décidé de
passer la semaine à vagabonder. Je me lève avec
la lumière. L'auto m'attend dans la rue, dans la
cour, comme un animal fidèle; elle est humide
de rosée; je lui essuie les yeux et je fends joyeu-

sement la journée qui s'ensoleille. A côté de moi
est posé le sac blanc avec les cartes Michelin, le
Guide bleu, des livres, un cardigan, des cigarettes : c'est un compagnon discret. Personne ne
s'impatiente quand je demande à la patronne de
l'auberge la recette de son poulet aux écrevisses.

Le soir va tomber, mais il fait encore tiède.
C'est un de ces instants émouvants où la terre est
si bien accordée aux hommes qu'il semble impossible que tous ne soient pas heureux.

Mardi 14 septembre.

Une des choses qui charmaient Maurice, c'est
l'intensité de ce qu'il appelait « mon attention à
la vie ». Elle s'est ranimée pendant ce bref tête-à-
tête avec moi-même. Maintenant que Colette est
mariée, Lucienne en Amérique, j'aurai tout le
loisir de la cultiver. « Tu vas t'ennuyer. Tu devrais prendre un travail », m'a dit Maurice à
Mougins. Il a insisté. Mais, pour l'instant en tout
cas, je ne le souhaite pas. Je veux vivre enfin un
peu pour moi. Et profiter avec Maurice de cette
solitude à deux dont si longtemps nous avons été
privés. J'ai un tas de projets en tête.

Vendredi 17 septembre.

Mardi j'ai téléphoné à Colette : elle avait la
grippe. Elle a protesté quand j'ai dit que je reve-
nais tout de suite à Paris, Jean-Pierre s'occupe
très bien d'elle. Mais j'étais inquiète, je suis rentrée dans la journée. Je l'ai trouvée couchée, très
amaigrie; elle a de la température chaque soir.
Déjà en août, quand je l'ai accompagnée à la

montagne, je me faisais du souci pour sa santé.
J'ai hâte que Maurice l'examine et j'aimerais
qu'il consulte Talbot.

Me voici avec une protégée de plus sur les bras.
Quand j'ai quitté Colette, mercredi après le dîner, il faisait si doux que je suis descendue en
auto jusqu'au Quartier latin; je me suis assise à
une terrasse, j'ai fumé une cigarette. A la table
voisine, il y avait une gamine qui dévorait des
yeux mon paquet de Chesterfield; elle m'en a demandé une. Je lui ai parlé; elle a éludé mes questions et elle s'est levée pour partir; une quinzaine
d'années, ni étudiante, ni prostituée, elle m'in-
triguait; je lui ai proposé de la ramener chez elle
en voiture. Elle a refusé, hésité, et elle a fini par
avouer qu'elle ne savait pas où coucher. Elle
s'était enfuie le matin du Centre où l'a placée
l'Assistance publique. Je l'ai gardée ici deux
jours. Sa mère, plus ou moins débile mentale,
son beau-père qui la déteste, ont renoncé à leurs
droits sur elle. Le juge qui s'occupe de son cas
lui a promis de l'envoyer dans un Foyer où
on lui apprendra un métier. En attendant, elle vit
« provisoirement » depuis six mois dans cette
maison d'où elle ne sort *jamais* — sauf le dimanche pour aller à la messe si elle le désire — et où
on ne lui donne rien à faire. Elles sont là, une
quarantaine d'adolescentes, matériellement bien
soignées, mais qui dépérissent d'ennui, de dé-
goût, de désespoir. Le soir, on distribue à chacune
un somnifère. Elles s'arrangent pour le mettre
de côté. Et un beau jour elles avalent d'un seul
coup leur réserve. « Une fugue, une tentative de
suicide : il faut ça pour que le juge se souvienne
de nous », m'a dit Marguerite. Les fugues sont
faciles, fréquentes, et si elles ne durent pas longtemps elles n'entraînent pas de sanctions.

Je lui ai juré que je remuerais ciel et terre
pour obtenir qu'on la transfère dans un Foyer et
elle s'est laissé convaincre de rentrer au Centre.
Je brûlais de colère quand je l'ai vue franchir la
porte, la tête basse et traînant les pieds. C'est une
belle fille, pas sotte, très gentille, et qui ne demande qu'à travailler : on lui massacre sa jeunesse; à elle et à des milliers d'autres. Je téléphonerai demain au juge Barron.

Que Paris est dur! même par ces moelleuses
journées d'automne, cette dureté m'oppresse. Je
me sens vaguement déprimée ce soir. J'ai fait des
plans pour transformer la chambre des enfants
en un living-room plus intime que le cabinet de
Maurice et que le salon d'attente. Et je réalise
que Lucienne ne vivra plus jamais ici. La maison sera paisible, mais bien vite. Surtout je me
tourmente, à cause de Colette. Heureusement que
Maurice rentre demain.

Mercredi 22 septembre.

Voilà une des raisons — la principale — pour
lesquelles je n'ai aucune envie de m'astreindre à
un métier : je supporterais mal de n'être pas to-
talement à la disposition des gens qui ont besoin
de moi. Je passe presque toutes mes journées au
chevet de Colette. Sa fièvre ne tombe pas. « Ce
n'est pas grave », dit Maurice. Mais Talbot ré-
clame des analyses. Des idées terrifiantes me traversent la tête.

Le juge Barron m'a reçue ce matin. Très cor-
dial. Il trouve le cas de Marguerite Drin navrant :
et il y en a des milliers de semblables. Le drame,
c'est qu'il n'existe aucun endroit pour abriter ces
enfants, aucun personnel capable de s'occuper

d'elles convenablement. Le gouvernement ne fait
rien. Alors les efforts des juges d'enfants, des as-
sistantes sociales, se brisent contre un mur. Le
Centre où se trouve Marguerite n'est qu'un lieu
de transit; au bout de trois ou quatre jours, elle
aurait dû être envoyée ailleurs. Mais où? c'est le
néant. Ces petites restent là où rien n'a été prévu
pour les occuper ni pour les distraire. Il essaiera
tout de même de trouver une place, quelque part,
pour Marguerite. Et il va recommander aux assis-
tantes du Centre de m'autoriser à la voir. Les parents n'ont pas signé le papier qui les ferait définitivement déchoir de leurs droits mais il n'est
pas question qu'ils reprennent la petite; ils ne le
veulent pas et pour elle aussi ce serait la pire so-
lution.

Je suis sortie du Palais irritée contre l'incurie
du système. Le sombre des jeunes délinquants
augmente; et on n'envisage pas d'autre mesure
que de redoubler de sévérité.

Comme je me trouvais devant la porte de la
Sainte-Chapelle, je suis entrée, j'ai monté l'escalier en colimaçon. Il y avait des touristes étrangers et un couple qui regardait les vitraux, la
main dans la main. Moi j'ai mal regardé. De nouveau je pensais à Colette et je m'inquiétais.

Et je m'inquiète. Impossible de lire. La seule
chose qui pourrait me soulager, ce serait de causer avec Maurice : il ne sera pas là avant minuit.
Depuis son retour de Rome, il passe ses soirées
au laboratoire avec Talbot et Couturier. Il dit
qu'ils approchent du but. Je peux comprendre
qu'il sacrifie tout à ses recherches. Mais c'est la
première fois de ma vie que j'ai un gros souci
sans qu'il le partage.

Samedi 25 septembre.

La fenêtre était noire. Je m'y attendais. Avant — avant quoi? — quand par extraordinaire je sortais sans Maurice, au retour il y avait toujours un rai de lumière entre les rideaux rouges. Je montais les deux étages en courant, je sonnais, trop impatiente pour chercher ma clé. Je suis montée sans courir, j'ai mis la clé dans la serrure. Comme l'appartement était vide! Comme il est vide! Evidemment puisqu'il n'y a personne dedans. Mais non, d'ordinaire, quand je rentre chez nous, je retrouve Maurice, même en son absence. Ce soir les portes s'ouvrent sur des pièces désertes. Onze heures. Demain on connaîtra le résultat des analyses et j'ai peur. J'ai peur, et Maurice n'est pas là. Je sais. Il faut que ses recherches aboutissent. Tout de même, je suis en colère contre lui. « J'ai besoin de toi, et tu n'es pas là! » J'ai envie d'écrire ces mots sur un papier que je laisserai en évidence dans le vestibule avant d'aller me coucher. Sinon je me tairai, comme hier, comme avant-hier. Il était toujours là quand j'avais besoin de lui.

... J'ai arrosé les plantes vertes; j'ai commencé à ranger la bibliothèque et je me suis arrêtée net. J'ai été étonnée par son indifférence quand je lui ai parlé d'installer ce living-room. Il faut que je m'avoue la vérité; j'ai toujours voulu la vérité, si je l'ai obtenue, c'est que je la voulais. Eh bien! Maurice a changé. Il s'est laissé dévorer par sa profession. Il ne lit plus. Il n'entend plus de musique. (J'aimais tant notre silence et son visage attentif quand nous écoutions Monteverdi ou Charlie Parker.) Nous ne nous promenons plus ensemble dans Paris ni aux environs. Nous

n'avons presque plus de vraie conversation. Il se
met à ressembler à ses collègues qui ne sont que
des machines à faire carrière et à gagner de l'argent. Je suis injuste. L'argent, la réussite sociale,
il s'en moque. Mais depuis que, contre mon avis,
il a décidé voici dix ans de se spécialiser, peu à
peu — et c'est justement ce que je craignais — il
s'est desséché. Même à Mougins cette année il
m'a paru lointain : avide de retrouver la clinique et le laboratoire; distrait et même morose.
Allons! autant me dire la vérité jusqu'au bout.
J'avais le cœur serré à l'aérodrome de Nice à
cause de ces mornes vacances derrière nous. Et
si j'ai connu dans les salines abandonnées un
bonheur si intense c'est que Maurice, à des centaines de kilomètres, me redevenait proche. (Curieuse chose qu'un journal : ce qu'on y tait est
plus important que ce qu'on y note.) On dirait
que sa vie privée ne le concerne plus. Au printemps dernier, comme il a facilement renoncé à
notre voyage en Alsace! Pourtant ma déception
l'a navré. Je lui ai dit gaiement : « La guérison
de la leucémie mérite bien quelques sacrifices! »
Mais la médecine autrefois, pour Maurice, c'était
des gens en chair et en os à soulager. (J'étais si
déçue, si désemparée, pendant mon stage à Co-
chin, par la froide bonhomie des grands patrons,
par l'indifférence des étudiants : et dans les
beaux yeux sombres de cet externe, j'ai rencontré
une détresse, une rage semblables à la mienne.
Je crois que dès cette minute je l'ai aimé.) J'ai
peur que maintenant ses malades ne soient plus
pour lui que des cas. Connaître l'intéresse plus
que guérir. Et même dans ses rapports avec ses
proches, il devient abstrait, lui qui était si vivant,
si gai, aussi jeune à quarante-cinq ans que lorsque je l'ai rencontré... Oui, quelque chose a

changé puisque j'écris sur lui, sur moi, derrière
son dos. S'il l'avait fait, je me serais sentie trahie. Nous étions l'un pour l'autre une absolue
transparence.

Nous le sommes encore; ma colère nous sé-
pare : il aura vite fait de la désarmer. Il me
demandera un peu de patience : après les périodes de surmenage frénétique viennent les
accalmies. L'an dernier aussi il travaillait souvent le soir. Oui, mais j'avais Lucienne. Et surtout rien ne me tourmentait. Il sait bien qu'en
ce moment je ne peux pas lire ni écouter de disque, parce que j'ai peur. Je ne laisserai pas de
mot dans le vestibule, mais je lui parlerai. Au
bout de vingt — vingt-deux — ans de mariage,
on accorde beaucoup au silence : c'est dange-
reux. Je pense que je me suis trop occupée des
petites, ces dernières années : Colette était si
attachante et Lucienne si difficile. Je n'étais pas
aussi disponible que Maurice pouvait le souhaiter. Il aurait dû me le faire remarquer au lieu
de se jeter dans des travaux qui maintenant le
coupent de moi. Il faut nous expliquer.

Minuit. J'ai tellement hâte de le retrouver,
d'étouffer cette colère qui gronde encore en moi
que je garde les yeux fixés sur la pendulette.
L'aiguille n'avance pas; je m'énerve. L'image de
Maurice se décompose : à quoi ça rime-t-il de
lutter contre la maladie et la souffrance si on
traite sa propre femme avec tant d'étourderie?
C'est de l'indifférence. C'est de la dureté. Inutile
de rager. Assez. Si les analyses de Colette ne sont
pas bonnes, j'aurai besoin demain de tout mon
sang-froid. Alors je dois essayer de dormir.

Dimanche 26 septembre.

Ainsi c'est arrivé. Ça m'est arrivé.

Lundi 27 septembre.

Eh bien, oui! Ça m'est arrivé. C'est *normal*.
Je dois m'en persuader et juguler cette colère
qui m'a secouée pendant toute la journée d'hier.
Maurice m'a menti, oui; ça aussi c'est normal. Il aurait pu continuer au lieu de me parler.
Même tardive, je dois lui savoir gré de sa franchise.

J'ai fini par m'endormir, samedi : de temps en
temps, je tendais la main vers le lit jumeau : le
drap était plat. (J'aime m'endormir avant lui
pendant qu'il travaille dans son cabinet. A travers mes rêves, j'entends couler l'eau, je sens une
légère odeur d'eau de Cologne, je tends la main,
son corps gonfle les draps et je sombre dans la
béatitude.) La porte d'entrée a claqué bruyamment. J'ai crié : « Maurice! » Il était trois heures
du matin. Ils n'avaient pas travaillé jusqu'à trois
heures, ils avaient bu et bavardé. Je me suis dres-
sée dans le lit :

— A quelle heure rentres-tu? D'où viens-tu?

Il s'est assis dans un fauteuil. Il tenait un verre
de whisky à la main.

— Il est trois heures, je sais.

— Colette est malade, je crève d'inquiétude, et
tu rentres à trois heures. Vous n'avez pas travaillé jusqu'à trois heures.

— Colette va plus mal?

— Elle ne va pas mieux. Tu t'en fiches! Evidemment, quand on a pris en charge la santé de

toute l'humanité, une fille malade, ça ne pèse pas lourd.

— Ne sois pas hostile.

Il me regardait avec une gravité un peu triste, et j'ai fondu comme je fonds toujours quand il m'enveloppe de cette lumière sombre et chaude. J'ai demandé doucement :

— Dis-moi pourquoi tu rentres si tard.

Il n'a rien répondu.

— Vous avez bu? Joué au poker? Vous êtes sortis? Tu as oublié l'heure?

Il continuait à se taire, avec une espèce d'insistance, en faisant tourner son verre entre ses doigts. J'ai jeté au hasard des mots absurdes pour le faire sortir de ses gonds et lui arracher une explication :

— Qu'est-ce qui se passe? Il y a une femme dans ta vie?

Sans me quitter des yeux, il a dit :

— Oui, Monique, il y a une femme dans ma vie.

(Tout était bleu au-dessus de notre tête et sous nos pieds; on apercevait à travers le détroit la côte africaine. Il me serrait contre lui. « Si tu me trompais, je me tuerais. — Si tu me trompais, je n'aurais pas besoin de me tuer. Je mourrais de chagrin. » Il y a quinze ans. Déjà? Qu'est-ce que quinze ans? Deux et deux font quatre. Je t'aime, je n'aime que toi. La vérité est indestructible, le temps n'y change rien.)

— Qui est-ce?

— Noëllie Guérard.

— Noëllie! Pourquoi?

Il a haussé les épaules. Evidemment. Je connaissais la réponse : jolie, brillante, aguicheuse. Le type de l'aventure sans conséquence et qui flatte un homme. Avait-il besoin d'être flatté?

Il m'a souri :

— Je suis content que tu m'aies interrogé. Je détestais te mentir.

— Depuis quand me mens-tu?

Il a à peine hésité.

— Je t'ai menti à Mougins. Et depuis mon retour.

Ça faisait cinq semaines. Pensait-il à elle à Mougins?

— Tu as couché avec elle quand tu es resté seul à Paris?

— Oui.

— Tu la vois souvent?

— Oh! non! Tu sais bien que je travaille...

J'ai demandé des précisions. Deux soirées et un après-midi depuis son retour, je trouve que c'est souvent.

— Pourquoi ne m'as-tu pas prévenue tout de suite?

Il m'a regardée timidement et il m'a dit, avec du regret dans la voix :

— Tu disais que tu mourrais de chagrin...

— On dit ça.

J'ai eu envie de pleurer soudain : je n'en mourrais pas, c'était ça le plus triste. A travers des vapeurs bleues nous regardions l'Afrique, au loin, et les mots que nous prononcions n'étaient que des mots. Je me suis rejetée en arrière. Le coup m'avait assommée. La stupeur me vidait la tête. Il me fallait un délai pour comprendre ce qui m'arrivait. « Dormons », ai-je dit.

La colère m'a réveillée de bonne heure. Comme il avait l'air innocent, les cheveux embroussaillés au-dessus du front rajeuni par le sommeil. (Au mois d'août, pendant mon absence, elle s'est réveillée à côté de lui : je n'arrive pas à y croire! Pourquoi ai-je accompagné Colette à la monta-

gne? elle n'y tenait même pas tellement, c'est moi
qui ai insisté.) Pendant cinq semaines, il m'a
menti! « Ce soir nous avons fait un sérieux pas
en avant. » Et il revenait de chez Noëllie. J'ai eu
envie de le secouer, de l'insulter, de crier. Je me
suis dominée. J'ai laissé un mot sur mon oreiller : « A ce soir », certaine que mon absence l'at-
teindrait plus qu'aucun reproche; à l'absence
on ne peut rien répondre. J'ai marché au hasard
dans les rues, obsédée par ces mots : « Il m'a
menti. » Des images me traversaient : le regard,
le sourire de Maurice posés sur Noëllie. Je les
chassais. Il ne la regarde pas comme il me regarde.
Je ne voulais pas souffrir, je ne souffrais pas,
mais la rancune me suffoquait : « Il m'a menti! »
Je disais : « Je mourrais de chagrin »; oui, mais
il me le faisait dire. Il avait mis plus d'ardeur
que moi à conclure notre pacte : pas de compro-
mis, pas de licence. Nous roulions sur la petite
route de Saint-Bertrand-de-Comminges et il me
pressait : « Je te suffirai toujours? » Il s'est emporté parce que je ne répondais pas avec assez
de feu (mais quelle réconciliation dans la chambre de la vieille auberge avec l'odeur des chèvre-
feuilles qui entrait par la fenêtre! Il y a vingt
ans : c'était hier). Il m'a suffi, je n'ai vécu que
pour lui. Et lui, pour un caprice, il a trahi nos
serments! Je me disais : j'exigerai qu'il rompe,
tout de suite... J'ai été chez Colette; toute la journée je me suis occupée d'elle, mais intérieure-
ment je bouillonnais. Je suis revenue à la maison, épuisée. « Je vais exiger qu'il rompe. » Mais
que signifie le mot « exigence » après toute une
vie d'amour et d'entente? Je n'ai jamais rien demandé pour moi que je ne veuille aussi pour lui.

Il m'a prise dans ses bras d'un air un peu éga-
ré. Il avait téléphoné plusieurs fois chez Colette

et personne n'avait répondu (pour qu'elle ne soit pas dérangée j'avais bloqué la sonnerie). Il était fou d'inquiétude.

— Tu n'imaginais tout de même pas que j'allais me descendre?

— J'ai tout imaginé.

Son anxiété m'a été au cœur et je l'ai écouté sans hostilité. Bien sûr, il a eu tort de me mentir, mais il faut que je comprenne; la première hésitation fait boule de neige : on n'ose plus avouer, parce qu'il faut avouer aussi qu'on a menti. L'obstacle est encore plus infranchissable pour des gens qui comme nous mettent si haut la sincérité. (Je le reconnais : avec quel acharnement j'aurais menti pour dissimuler un mensonge.) Je n'ai jamais fait sa part au mensonge. Les premiers mensonges de Lucienne et de Colette m'ont scié bras et jambes. J'ai eu du mal à admettre que tous les enfants mentent à leur mère. Pas à moi! Je ne suis pas une mère à qui on ment; pas une femme à qui on ment. Orgueil imbécile. Toutes les femmes se pensent différentes; toutes pensent que certaines choses ne peuvent pas leur arriver, et elles se trompent toutes.

J'ai beaucoup réfléchi aujourd'hui. (C'est une chance que Lucienne soit en Amérique. Il m'aurait fallu lui jouer la comédie. Elle ne m'aurait pas laissée en paix.) Et j'ai été parler à Isabelle. Elle m'a aidée, comme toujours. J'avais peur qu'elle ne me comprenne mal, puisqu'elle et Charles ont misé sur la liberté et non comme Maurice et moi sur la fidélité. Mais ça ne l'a pas empêchée, m'a-t-elle dit, de prendre des colères contre son mari, ni de se sentir parfois en danger : elle a cru, il y a cinq ans, qu'il allait la quitter. Elle m'a conseillé la patience. Elle a beaucoup d'estime pour Maurice. Elle trouve naturel

qu'il ait voulu une aventure, excusable qu'il me
l'ait d'abord cachée; mais certainement il s'en fatiguera vite. Ce qui donne du sel à ce genre d'affaire, c'est la nouveauté; le temps travaille contre Noëllie; le prestige qu'elle peut avoir aux
yeux de Maurice s'écaillera. Seulement, si je veux
que notre amour sorte indemne de cette épreuve
il ne faut pas que je joue les victimes ni les mé-
gères. « Sois compréhensive, sois gaie. Avant tout
sois amicale », m'a-t-elle dit. C'est ainsi que finalement elle a reconquis Charles. La patience, ce
n'est pas ma vertu dominante. Mais en effet, je
dois m'y efforcer. Et pas seulement par tactique : par moralité. J'ai eu exactement la vie que
je souhaitais : j'ai à mériter ce privilège. Si je
flanche à la première anicroche, tout ce que je
pense sur moi n'est qu'illusion. Je suis intransigeante, je tiens de papa, et Maurice m'en estime;
mais tout de même je veux comprendre autrui et
savoir m'adapter. Qu'un homme ait une aventure
après vingt-deux ans de mariage, Isabelle a raison, c'est normal. C'est moi qui serais anormale
— infantile en somme — en ne l'admettant pas.

En quittant Isabelle, je n'avais guère envie
d'aller voir Marguerite; mais elle m'avait écrit
une petite lettre émouvante, je n'ai pas voulu
la décevoir. Tristesse de ce parloir, de ces visages
d'adolescentes opprimées. Elle m'a montré des
dessins, pas vilains. Elle voudrait faire de la dé-
coration; ou au moins être étalagiste. En tout cas,
travailler. Je lui ai répété les promesses du juge.
Je lui ai dit quelles démarches j'avais faites pour
obtenir l'autorisation de sortir le dimanche avec
elle. Elle a confiance en moi, elle m'aime bien,
elle sera patiente : mais pas indéfiniment.

Ce soir, je sors avec Maurice. Conseils d'Isabelle et du courrier du cœur : pour reprendre

votre mari, soyez gaie, élégante, sortez en tête à
tête. Je n'ai pas à le reprendre : je ne l'ai pas
perdu. Mais j'ai encore beaucoup de questions à
lui poser et la conversation sera plus détendue
si nous dînons dehors. Je ne veux surtout
pas qu'elle ressemble à une mise en demeure.

Un détail idiot me tracasse : pourquoi avait-il
un verre de whisky à la main? J'ai appelé : Maurice! Réveillée à trois heures du matin, il a deviné que j'allais l'interroger. D'ordinaire, il ne claque pas si bruyamment la porte d'entrée.

Mardi 28 septembre.

J'ai trop bu; mais Maurice riait et il m'a dit
que j'étais charmante. C'est drôle : il a fallu qu'il
me trompe pour que nous ressuscitions les nuits
de notre jeunesse. Rien de pire que la routine :
les chocs réveillent. Saint-Germain-des-Prés a
changé depuis 46 : le public est différent. « Et
c'est une autre époque », a dit Maurice avec un
peu de tristesse. Mais je n'avais pas mis les pieds
dans une boîte depuis près de quinze ans, et tout
m'a enchantée. Nous avons dansé. A un moment
il m'a dit en me serrant très fort : « Il n'y a rien
de changé entre nous. » Et nous avons causé, à
bâtons rompus : mais j'étais ivre-rose, j'ai un
peu oublié ce qu'il m'a dit. En gros, c'est bien ce
que je supposais; Noëllie est une avocate brillante et dévorée d'ambition; c'est une femme
seule — divorcée, avec une fille — de mœurs
très libres, mondaine, très lancée : juste mon contraire. Maurice a eu envie de savoir s'il pouvait
plaire à ce genre de femme. « Si je voulais... » :
je me posais la question quand j'ai flirté avec
Quillan; l'unique flirt de ma vie, et je l'ai vite

arrêté. **En Maurice, comme chez la plupart des hommes, sommeille un adolescent pas du tout sûr de soi. Noëllie l'a rassuré. Et c'est aussi évidemment une histoire de peau : elle est appétissante.**

Mercredi 29 septembre.

C'était la première fois qu'à mon su Maurice passait la soirée avec Noëllie. J'ai été voir avec Isabelle un ancien film de Bergman et nous avons mangé au *Hochepot* une fondue bourguignonne. Je me plais toujours avec elle. Elle a gardé l'ardeur de notre adolescence, quand chaque film, chaque livre, chaque tableau était d'une si grande importance; maintenant que mes filles m'ont quittée, je l'accompagnerai plus souvent à des expositions, à des concerts. Elle aussi en se mariant elle a arrêté ses études mais elle a gardé une vie intellectuelle plus intense que la mienne. Il faut dire qu'elle n'a eu qu'un fils à élever et non deux filles. Et puis elle n'est pas comme moi encombrée de chiens mouillés »; avec un mari ingénieur, elle a peu d'occasions d'en rencontrer. Je lui ai dit que j'avais adopté sans peine la tactique du sourire car je suis convaincue qu'en effet cette histoire ne compte pas tant pour Maurice. « Il n'y a rien de changé entre nous », m'a-t-il dit avant-hier.

En fait, je me suis tourmentée bien davantage, il y a dix ans : s'il avait de nouvelles ambitions, si son travail à Simca — routinier, peu payé mais qui lui laissait des loisirs et qu'il menait avec tant de dévouement — ne lui suffisait pas, c'est qu'il s'ennuyait à la maison, c'est que ses sentiments pour moi avaient fléchi. (L'avenir m'a prouvé le contraire. Seulement je regrette de ne plus du tout participer à ce qu'il fait. Il me parlait de ses malades, il me signalait des cas intéressants, j'essayais de les aider. Maintenant je suis exclue de ses recherches et les clients de la polyclinique n'ont pas besoin de moi.) Isabelle m'a été utile aussi à ce moment-là. Elle m'a convaincue de respecter la liberté de Maurice. C'était renoncer au vieil idéal qu'avait incarné mon père et qui reste vivant en moi. C'était plus dur que de fermer les yeux sur une incartade.

J'ai demandé à Isabelle si elle était heureuse :
— Je ne me pose pas la question, alors je suppose que la réponse est oui.

En tout cas, elle se réveille avec plaisir. Ça me semble une bonne définition du bonheur! Moi aussi, chaque matin, quand j'ouvre les yeux je souris.

Ce matin aussi. Avant de me coucher j'avais pris un peu de Nembutal et je m'étais endormie tout de suite. Maurice m'a dit qu'il était rentré vers une heure. Je ne lui ai posé aucune question.

Ce qui m'aide, c'est que je ne suis pas physiquement jalouse. Mon corps n'a plus trente ans, celui de Maurice non plus. Ils se retrouvent avec plaisir — rarement à vrai dire — mais sans fièvre. Oh! je ne me leurre pas. Noëllie a l'attrait de la nouveauté; dans son lit Maurice rajeunit. Cette idée me laisse indifférente. Je prendrais ombrage d'une femme qui apporterait quelque chose à Maurice. Mais mes rencontres avec Noëllie et ce que j'ai entendu dire d'elle m'ont suffisamment renseignée. Elle incarne tout ce qui nous déplaît : l'arrivisme, le snobisme, le goût de l'argent, la passion de paraître. Elle n'a aucune idée personnelle, elle manque radicalement de sensi-

bilité : elle se plie aux modes. Il y a tant d'impu-
deur et d'exhibitionnisme dans ses coquetteries
que je me demande même si elle n'est pas frigide.

Jeudi 30 septembre.

Colette avait 36,9° ce matin, elle se lève. Maurice
dit que c'est une maladie qui court Paris : fièvre, amaigrissement, et puis on guérit. Je ne sais
pourquoi en la voyant aller et venir dans ce petit
appartement j'ai un peu compris les regrets de
Maurice. Elle n'est pas moins intelligente que sa
sœur; la chimie l'intéressait, ses études mar-
chaient bien, c'est dommage qu'elle les ait arrê-
tées. Que va-t-elle faire de ses journées? Je devrais l'approuver; elle a choisi la même voie que
moi : mais j'avais Maurice. Elle a Jean-Pierre,
évidemment. Un homme qu'on n'aime pas, on a
peine à imaginer qu'il suffise à remplir une vie.
Longue lettre de Lucienne, passionnée par ses
études et par l'Amérique.
Chercher une table pour le living-room. Passer
voir la vieille paralysée de Bagnolet.
Pourquoi continuer ce journal puisque je n'ai
rien à y noter? Je l'ai commencé parce que ma
solitude me déconcertait; je l'ai continué par malaise, parce que l'attitude de Maurice me dérou-
tait. Mais ce malaise s'est dissipé maintenant que
j'y vois clair, et je pense que je vais abandonner
ce carnet.

Vendredi 1ᵉʳ octobre.

Pour la première fois, j'ai mal réagi. En prenant le petit déjeuner, Maurice m'a dit que désormais quand il sortirait le soir avec Noëllie, il res-

terait toute la nuit chez elle. C'est plus décent
pour elle comme pour moi, prétend-il.

— Puisque tu acceptes que j'aie cette histoire,
laisse-moi la vivre correctement.

Etant donné le nombre de soirs qu'il passe au
laboratoire, le nombre de déjeuners qu'il saute, il
accorde à Noëllie presque autant de temps qu'à
moi. Je me suis rebiffée. Il m'a étourdie de
calculs. Si on compte en heures, soit, il est plus
souvent avec moi. Mais il y en a un grand nombre où il travaille, il lit des revues; ou bien nous
voyons des amis. Quand il est auprès de Noëllie,
il ne s'occupe que d'elle.

J'ai fini par céder. Puisque j'ai adopté une attitude compréhensive, conciliante, je dois m'y tenir. Ne pas le heurter de front. Si je lui gâche son
aventure, il l'embellira à distance, il aura des
regrets. Si je lui permets de la vivre « correctement » il s'en fatiguera vite. C'est ce qu'Isabelle
m'a affirmé. Je me répète : « Patience. »

Tout de même, il faut bien me dire qu'à l'âge
de Maurice ça compte, une histoire de peau. A
Mougins, il pensait à Noëllie, évidemment. Je
comprends cette anxiété dans son regard, à l'aérodrome de Nice : il se demandait si je me doutais de quelque chose. Ou avait-il honte de
m'avoir menti? était-ce de la honte et non de
l'anxiété? Je revois son visage mais je le dé-
chiffre mal.

Samedi 2 octobre. Matin.

Ils sont en pyjama, ils boivent du café, ils sou-
rient... Cette vision-là me fait mal Quand on se
cogne à une pierre, on sent d'abord le choc, la
souffrance vient après : avec une semaine de re-

tard, je commence à souffrir. Avant, j'étais plutôt éberluée. Je ratiocinais, j'écartais cette douleur qui fond sur moi ce matin : les images. Je
tourne en rond dans l'appartement : à chaque
pas j'en suscite un autre. J'ai ouvert son placard.
J'ai regardé ses pyjamas, ses chemises, ses slips,
ses maillots de corps; et je me suis mise à pleurer. Qu'une autre puisse caresser sa joue à la
douceur de cette soie, à la tendresse de ce pull-
over, je ne le supporte pas.

J'ai manqué de vigilance. J'ai pensé que Maurice prenait de l'âge, qu'il travaillait avec excès,
que je devais m'accommoder de sa tiédeur. Il
s'est mis à me considérer plus ou moins comme
une sœur. Noëllie a réveillé ses désirs. Qu'elle
ait ou non du tempérament, elle sait certainement comment se conduire au lit. Il a retrouvé la
joie orgueilleuse de combler une femme. Coucher,
ce n'est pas seulement coucher. Il y a entre eux
cette intimité qui n'appartenait qu'à moi. Au réveil, est-ce qu'il la niche contre son épaule en
l'appelant ma gazelle, mon oiseau des bois? Ou
lui a-t-il inventé d'autres noms qu'il dit avec la
même voix? Ou s'est-il inventé aussi une autre
voix? Il se rase, il lui sourit, les yeux plus sombres et plus brillants, la bouche plus nue sous le
masque de mousse blanche. Il apparaissait dans
l'embrasure de la porte, avec dans les bras, enve-
loppé de cellophane, un grand bouquet de roses
rouges : est-ce qu'il lui apporte des fleurs?

On me scie le cœur avec une scie aux dents
très fines.

Samedi soir.

L'arrivée de Mme Dormoy m'a arrachée à mes
obsessions. Nous avons bavardé et je lui ai donné

pour sa fille les affaires que Lucienne n'a pas
emportées. Après avoir eu une femme de ménage
à demi aveugle, une mythomane qui m'accablait
du récit de ses malheurs, une arriérée qui me vo-
lait, j'apprécie cette femme honnête et équilibrée : la seule que je n'ai pas engagée pour lui
rendre service.

J'ai été faire le marché. D'ordinaire je flâne
longtemps dans cette rue pleine d'odeurs, de
bruits et de sourires. J'essaie de m'inventer des
désirs aussi variés que les fruits, les légumes, les
fromages, les pâtés, les poissons de ses éventaires. Chez le marchand de fleurs, j'achète l'automne à brassées. Aujourd'hui, mes gestes
étaient mécaniques. J'ai hâtivement rempli mon
cabas. Sentiment que je n'avais jamais éprouvé :
la gaieté des autres me pesait.

Pendant le déjeuner, j'ai dit à Maurice.

— En somme, nous n'avons pas parlé. Je ne
sais rien sur Noëllie.

— Mais si, je t'ai dit l'essentiel.

C'est vrai qu'il m'a parlé d'elle au *Club 46* :
je regrette de l'avoir si mal écouté.

— Je ne comprends tout de même pas ce que
tu lui trouves de spécial : il y a un tas de
femmes aussi jolies.

Il a réfléchi :

— Elle a une qualité qui devrait te plaire :
une manière de se donner à fond à ce qu'elle fait.

— Elle est ambitieuse, je sais.

— C'est autre chose que de l'ambition.

Il s'est arrêté, gêné sans doute de faire devant
moi l'éloge de Noëllie. Il faut dire que je ne
devais pas avoir l'air très encourageant.

Mardi 5 octobre.

Maintenant qu'elle n'est plus malade, je passe un peu trop de temps chez Colette. Malgré sa grande gentillesse, je sens que ma sollicitude risque de l'importuner. Quand on a tellement vécu pour les autres, c'est un peu difficile de se reconvertir, de vivre pour soi. Ne pas tomber dans les pièges du dévouement : je sais très bien que les mots donner et recevoir sont inter-changeables et combien j'avais besoin du besoin que mes filles avaient de moi. Là-dessus je n'ai jamais triché. « Tu es merveilleuse », me disait Maurice — il me le disait si souvent, sous un prétexte ou sous un autre — « parce que faire plaisir aux autres, ça te fait d'abord plaisir à toi ». Je riais : « Oui, c'est une forme d'égoïs-me. » Cette tendresse dans ses yeux : « La plus délicieuse qui soit. »

Mercredi 6 octobre.

On m'a livré hier la table que j'ai trouvée dimanche à la foire aux puces; une vraie table de ferme en bois rugueux, un peu rapiécée, lourde et vaste. Ce living-room est encore plus joli que notre chambre. Malgré ma tristesse, hier soir — cinéma, Nembutal, c'est un régime dont je me lasserai vite — je me réjouissais du plaisir qu'il aurait ce matin. Et certes il m'a félicitée. Mais quoi? Il y a dix ans, j'avais arrangé cette pièce pendant un séjour qu'il avait fait auprès de sa mère malade. Je me rappelle son visage, sa voix : « Que ce sera bien d'être heureux ici! » Il a allumé un grand feu de bois. Il est descendu

acheter du champagne; et il m'a rapporté aussi
des roses rouges. Ce matin il regardait, il ap-
prouvait d'un air — comment dire? — de bonne
volonté.

A-t-il donc vraiment changé? En un sens, son
aveu m'avait rassurée : il a une histoire, tout
s'explique. Mais aurait-il une histoire s'il était
resté le même? Je l'avais pressenti et ç'a été une
des obscures raisons de ma résistance : on ne
transforme pas sa vie sans se transformer soi-
même. De l'argent, un milieu brillant : il est
blasé. Quand nous tirions le diable par la queue,
mon ingéniosité le ravissait : « Tu es merveilleuse! » Une simple fleur, un beau fruit, un pull-
over que je lui avais tricoté : c'était de grands
trésors. Ce living-room, que j'ai aménagé avec
tant d'amour, eh bien! il n'a rien d'extraordinaire comparé à l'appartement des Talbot. Et
celui de Noëllie? Comment est-il? Sûrement plus
luxueux que le nôtre.

Jeudi 7 octobre.

Au fond, qu'ai-je gagné à ce qu'il me dise la
vérité? Il passe des nuits avec elle maintenant :
ça les arrange. Je me demande... Mais c'est trop
évident. Cette porte claquée, ce verre de whisky :
tout était prémédité. Il a provoqué mes questions. Et moi, pauvre idiote, j'ai cru qu'il me
parlait par loyauté...

... Mon Dieu! que c'est douloureux, la colère.
J'ai cru ne pas en venir à bout avant son retour.
En fait, je n'ai aucune raison de me mettre dans
un pareil état. Il ne savait pas comment s'y
prendre, il a rusé avec ses difficultés : ce n'est
pas un crime.

Je voudrais tout de même savoir s'il a parlé dans mon intérêt, ou pour sa propre commodité.

Samedi 9 octobre.

J'étais contente de moi, ce soir, parce que j'avais passé deux journées sereines. J'ai écrit une nouvelle lettre à l'assistante indiquée par M. Barron et qui ne m'avait pas répondu. J'ai allumé un beau feu de bois, et j'ai commencé à me tricoter une robe. Vers dix heures trente, le téléphone a sonné. Talbot demandait Maurice. J'ai dit :

— Il est au laboratoire. Je croyais que vous y étiez aussi.

— ... C'est-à-dire... je devais y aller, mais je suis grippé. Je pensais que Lacombe était déjà rentré, je vais l'appeler au laboratoire, excusez-moi de vous avoir dérangée.

Les dernières phrases très vite, d'un ton animé. Je n'entendais que ce silence : « ... C'est-à-dire. » Et encore un silence après. Je suis restée immobile, le regard rivé sur le téléphone. J'ai répété dix fois les deux répliques, comme un vieux disque fatigué : « Que vous y étiez aussi — ... C'est-à-dire... » Et implacablement, chaque fois, ce silence.

Dimanche 10 octobre.

Il est rentré un peu avant minuit. Je lui ai dit :

— Talbot a téléphoné. Je croyais qu'il était avec toi au laboratoire.

Il a répondu sans me regarder :

— Il n'y était pas.

J'ai dit :

— Et toi non plus.

Il y a eu un bref silence :

— En effet. J'étais chez Noëllie. Elle m'avait supplié de passer la voir.

— Passer! tu es resté trois heures. Ça t'arrive souvent d'aller chez elle quand tu me dis que tu travailles?

— Comment! Mais c'est la première fois, m'a-t-il dit d'un ton aussi indigné que s'il ne m'avait jamais menti.

— C'est une fois de trop. Et à quoi bon m'avoir dit la vérité si tu continues à mentir?

— Tu as raison. Mais je n'ai pas osé...

Cette phrase m'a fait bondir : tant de colères réprimées, un tel effort pour garder les apparences de la sérénité.

— Pas osé? est-ce que je suis une mégère! Montre-m'en des femmes aussi accommodantes que moi!

Sa voix est devenue désagréable.

— Je n'ai pas osé parce que l'autre jour tu as commencé à faire des comptes : tant d'heures pour Noëllie, tant d'heures pour moi...

— Par exemple! C'est toi qui m'as étourdie de calculs!

Il a hésité une seconde et. il a dit d'un air repentant :

— Bon! je plaide coupable. Je ne mentirai plus jamais.

Je lui ai demandé pourquoi Noëllie tenait tellement à le voir.

— La situation n'est pas drôle pour elle, m'a-t-il répondu.

De nouveau la colère m'a prise :

— C'est un comble! Elle savait que j'existais quand elle a couché avec toi!

— Elle ne l'oublie pas : c'est bien ce qui lui est pénible.

— Je la gêne? elle te voudrait tout à elle?

— Elle tient à moi...

Noëllie Guérard, cette petite arriviste glacée, jouant les amoureuses, c'était tout de même un peu vif!

— Je peux disparaître, si ça vous arrange! lui ai-je dit.

Il a posé la main sur mon bras :

— Je t'en prie, Monique, ne prends pas les choses comme ça!

Il avait l'air malheureux et fatigué mais — moi qui m'affole pour un soupir de lui — je n'étais pas en humeur de compatir. J'ai dit sèchement :

— Et comment veux-tu que je les prenne?

— Sans hostilité. Bon, j'ai eu tort de commencer cette histoire. Mais maintenant que c'est fait, il faut que j'essaie de m'en tirer sans faire trop de mal à personne.

— Je ne te demande pas de pitié.

— Il ne s'agit pas de pitié! Très égoïstement, te faire de la peine, ça me ravage. Mais comprends que je dois aussi tenir compte de Noëllie.

Je me suis levée, je sentais que je ne me contrôlais plus.

— Allons nous coucher.

Et ce soir, je me dis que Maurice est peut-être en train de raconter cette conversation à Noëllie. Comment n'y avais-je pas encore pensé? Ils parlent d'eux, donc de moi. Il y a entre eux des connivences, comme entre Maurice et moi. Noëllie n'est pas seulement une anicroche dans notre

vie : je suis dans leur idylle un problème, un
obstacle. Pour elle, il ne s'agit pas d'une pas-
sade; elle envisage une liaison sérieuse avec
Maurice, et elle est adroite. Mon premier mouvement était le bon; j'aurais dû mettre tout de
suite le holà, dire à Maurice : c'est elle ou moi.
Il m'en aurait voulu pendant un temps, mais
ensuite il m'aurait sans doute remerciée. Je n'en
ai pas été capable. Mes désirs, mes volontés, mes
intérêts ne se sont jamais distingués des siens.
Les rares fois où je me suis opposée à lui, c'était
en son nom, pour son bien. Maintenant, il faudrait me dresser carrément contre lui. Je n'ai
pas la force d'engager ce combat. Mais je ne suis
pas sûre que ma patience ne soit pas une maladresse. Le plus amer c'est que Maurice ne semble
guère m'en savoir gré. Je pense qu'avec un bel
illogisme masculin il me fait grief des remords
qu'il éprouve à mon égard. Faudrait-il être
encore plus compréhensive, plus indifférente,
plus souriante? Ah! je ne sais plus. Jamais je
n'ai tant hésité sur la conduite à tenir. Si! à
propos de Lucienne. Mais alors je demandais
conseil à Maurice. Le plus déroutant, c'est ma
solitude en face de lui.

Jeudi 14 octobre.

Je suis manœuvrée. Qui dirige la manœuvre?
Maurice, Noëllie, tous les deux ensemble? Je ne
sais pas comment la faire échouer, si c'est en
feignant d'y céder ou en y résistant. Et où m'en-
traîne-t-on?
Hier en revenant du cinéma Maurice m'a dit,
d'un ton précautionneux, qu'il avait une faveur
à me demander : il souhaite partir en week-end

avec Noëllie. En compensation, il s'arrangera
pour ne plus travailler ces soirs-ci, nous aurons
beaucoup de temps à nous. J'ai eu un sursaut de
révolte. Son visage s'est durci : « N'en parlons
plus. » Il est redevenu aimable mais j'étais bouleversée de lui avoir refusé quelque chose. Il me
jugeait mesquine ou du moins inamicale. Il n'hé-
siterait pas à me mentir la semaine suivante :
la séparation serait consommée entre nous...
« Tâche de vivre cette histoire *avec* lui », me dit
Isabelle.

Avant d'aller dormir, je lui ai dit que réflexion
faite je regrettais ma réaction : je le laissais
libre. Il n'a pas eu l'air gai, au contraire, il
m'a semblé voir de la détresse dans ses yeux :

— Je sais bien que je te demande beaucoup;
je te demande trop. Ne crois pas que je n'en aie
pas de remords.

— Oh! les remords! à quoi ça sert-il?

— A rien bien sûr. Je te dis ça comme ça.
C'est peut-être plus propre de ne pas en avoir.

Je suis restée éveillée longtemps; lui aussi
m'a-t-il semblé. Que pensait-il? Moi je me demand-
dais si j'avais eu raison de céder. De concession
en concession, jusqu'où irai-je? Et pour le moment je n'en tire aucun bénéfice. C'est trop tôt,
évidemment. Avant que cette liaison ne pour-
risse, il faut la laisser mûrir. Je me le répète.
Et tantôt je me trouve sage, et tantôt je m'accuse
de lâcheté. En vérité je suis désarmée parce que
je n'ai jamais imaginé que j'avais des droits.
J'attends beaucoup des gens que j'aime — trop
peut-être. J'attends et même je demande. Mais je
ne sais pas exiger.

Vendredi 15 octobre.

Il y a longtemps que je n'avais vu Maurice
aussi gai, aussi tendre. Il a trouvé deux heures
cet après-midi pour m'accompagner à l'exposition d'art hittite. Sans doute espère-t-il concilier
notre vie et son aventure : si ça ne doit pas
durer longtemps, je veux bien.

Dimanche 17 octobre.

Hier il s'est glissé hors du lit avant huit heures du matin. J'ai senti l'odeur de son eau de
Cologne. Il a fermé très doucement la porte de la
chambre et celle de l'appartement. De la fenêtre,
je l'ai vu astiquer la voiture avec une minutie
joyeuse; il m'a semblé qu'il chantonnait.
    Il faisait un tendre ciel d'été, au-dessus des
derniers feuillages d'automne. (La pluie d'or des
feuilles d'acacia, sur une route rose et grise, en
revenant de Nancy.) Il est monté dans la voiture,
il a fait tourner le moteur et je regardais ma
place à côté de lui; ma place où Noëllie allait
s'asseoir. Il a déboîté, l'auto a filé, et j'ai senti
mon cœur se décrocher. Il filait très vite, il a
disparu. Pour toujours. Il ne reviendra jamais.
Ça ne sera pas lui qui reviendra.
    J'ai tué le temps de mon mieux. Colette, Isa-
belle. J'ai vu deux films : le Bergman, deux fois
de suite tant il m'a saisie. Ce soir, j'ai mis un
disque de jazz, j'ai allumé un feu dans la cheminée, j'ai tricoté en regardant les flammes.
En général la solitude ne m'effraie pas. Et même,
à petite dose, elle me détend : les présences qui
me sont chères me surmènent le cœur. Je m'in-

quiète d'une ride, d'un bâillement. Et pour ne
pas être importune — ou ridicule — je dois
taire mes appréhensions, réprimer mes élans.
Penser à eux, de loin, ce sont des trêves repo-
santes. L'an dernier, quand Maurice a été à un
colloque, à Genève, les journées me semblaient
courtes : ce week-end n'en finit pas. J'ai aban-
donné mon tricot parce qu'il ne me protégeait
pas : que font-ils, où sont-ils, que se disent-ils,
comment se regardent-ils ? J'ai cru que je saurais
me garder de la jalousie : mais non. J'ai fouillé
dans ses poches et dans ses papiers, sans rien
trouver bien entendu. Elle lui a sûrement écrit
quand il était à Mougins : il allait chercher ses
lettres poste restante en se cachant de moi. Et il
les a rangées quelque part à la clinique. Si je
demandais à les voir, me les montrerait-il ?

Demander... à qui ? A cet homme qui se promène avec Noëllie, dont je ne peux pas même
imaginer — dont je ne veux pas imaginer — le
visage ni les paroles ? A celui que j'aime et qui
m'aime ? Est-ce le même ? Je ne sais plus. Et je
ne sais pas si je me fais une montagne d'une
taupinière ou si je prends pour une taupinière
une montagne.

... J'ai cherché un refuge dans notre passé.
J'ai étalé devant le feu les boîtes pleines de
photos. J'ai retrouvé celle où Maurice a son
brassard : que nous étions unis ce jour où, près
du quai des Grands-Augustins, nous soignions
les F.F.I. blessés. Sur la route du cap Corse,
voilà la vieille auto poussive que sa mère nous
avait donnée. Je me rappelle cette nuit, près de
Corte, où nous sommes tombés en panne. Nous
sommes restés immobiles, intimidés par la solitude et le silence. J'ai dit : « Il faudrait essayer
de réparer. — Embrasse-moi d'abord », m'a dit

Maurice. Nous nous sommes embrassés très fort, longtemps et il nous semblait que ni le froid ni la fatigue, que rien au monde ne pouvait nous atteindre.

C'est curieux. Est-ce que ça signifie quelque chose? Toutes les images qui me reviennent au cœur ont plus de dix ans : la pointe de l'Europe, la libération de Paris, le retour de Nancy, notre pendaison de crémaillère, cette panne sur la route de Corte. Je peux en évoquer d'autres : nos derniers étés à Mougins, Venise, mon quarantième anniversaire. Elles ne me touchent pas de la même manière. Peut-être les souvenirs les plus lointains paraissent-ils toujours les plus beaux.

Je suis fatiguée de me poser des questions, d'ignorer les réponses. Je perds pied. Je ne reconnais plus l'appartement. Les objets ont l'air d'imitations d'eux-mêmes. La lourde table du living-room : elle est creuse. Comme si on avait projeté la maison et moi-même dans une quatrième dimension. Je ne serais pas étonnée, si je sortais, de me trouver dans une forêt préhistorique, ou dans une cité de l'an 3000.

Mardi 19 octobre.

Tension entre nous. Par ma faute ou par la sienne? Je l'ai accueilli avec beaucoup de naturel; il m'a raconté son week-end. Ils ont été en Sologne; il paraît que Noëllie aime la Sologne. (Elle aurait des goûts?) J'ai sursauté quand il m'a dit qu'hier ils avaient dîné et dormi à l'Hostellerie de Forneville :

— Dans cet endroit si snob et si cher?

— C'est très joli, m'a dit Maurice.

— Isabelle m'a dit que c'était du pittoresque pour Américains : plein de plantes vertes, et d'oiseaux, et de faux ancien.

— Il y a des plantes vertes, des oiseaux, et de l'ancien vrai ou faux. Mais c'est très joli.

Je n'ai pas insisté. J'avais senti un raidissement dans sa voix. En général, ce qui plaît à Maurice c'est de découvrir le petit bistrot sans chiqué où on mange bien, l'hôtel peu fréquenté dans un beau site perdu. Bon, j'admets qu'une fois en passant il fasse une concession à Noëllie : mais il n'a pas besoin de prétendre apprécier les vulgarités qui la charment. A moins qu'elle ne soit en train de prendre de l'influence sur lui. Il a vu le dernier Bergman avec elle au mois d'août, en projection privée (Noëllie ne va qu'à des projections privées ou à des galas) et il ne l'a pas trouvé bon. Elle a dû lui démontrer que Bergman était démodé, elle n'a pas d'autre critère. Elle l'éblouit parce qu'elle prétend être au courant de tout. Je la revois à ce dîner chez Diana l'année dernière. Elle a fait un cours sur les happenings. Et puis elle a longuement parlé du procès Rampal, qu'elle venait de gagner. Un numéro vraiment ridicule. Luce Couturier avait l'air gêné et Diana m'a fait un clin d'œil de connivence. Mais les hommes écoutaient, bouche bée : entre autres Maurice. Ça ne lui ressemble pourtant pas de se laisser prendre à ce genre de bluff.

Je ne devrais pas attaquer Noëllie, mais par moments c'est plus fort que moi. Sur Bergman, je n'ai pas discuté. Mais le soir, à dîner, j'ai fait à Maurice une querelle stupide parce qu'il m'a soutenu qu'on pouvait très bien boire du vin rouge avec le poisson. Réaction typique de Noëllie : connaître si parfaitement les usages, qu'on ne s'y conforme pas. Alors j'ai défendu la règle qui associe poisson et vin blanc. Nous nous sommes échauffés. Quelle pitié! De toute façon je n'aime pas le poisson.

Mercredi 20 octobre.

La nuit où Maurice m'a parlé, j'ai cru que j'aurais à surmonter une situation désagréable, mais nette. Et j'ignore où j'en suis, contre quoi il me faut lutter, s'il y a lieu de lutter et pourquoi. Dans des cas analogues, les autres femmes sont-elles aussi désemparées? Isabelle me répète que le temps travaille pour moi. Je voudrais la croire. Diana, du moment que son mari s'occupe avec gentillesse d'elle et des enfants, il lui est indifférent qu'il la trompe ou non. Elle serait incapable de me donner un conseil. Je lui ai tout de même téléphoné, parce que je souhaitais des renseignements sur Noëllie : elle la connaît et ne l'aime pas. (Noëllie a fait des avances à Lemercier qui les a repoussées; ça ne lui plaît pas qu'on se jette à sa tête.) Je lui ai demandé depuis combien de temps elle était au courant touchant Maurice. Elle a feint la surprise et prétendu que Noëllie ne lui avait parlé de rien : elles ne sont pas du tout intimes. Elle m'a raconté que Noëllie a fait à vingt ans un très riche mariage. Son mari a divorcé — sans doute parce qu'il en avait assez d'être trompé — mais elle a obtenu une considérable pension alimentaire; elle lui extorque de magnifiques cadeaux; elle s'entend très bien avec la nouvelle femme et fait souvent de longs séjours dans leur villa de La Napoule. Elle a couché avec un tas de types — en général utiles à sa carrière — et maintenant elle doit

avoir envie d'une liaison solide. Mais elle laissera
tomber Maurice si elle met le grappin sur un
homme plus riche et plus connu que lui. (Je
préférerais qu'il prenne l'initiative.) Sa fille a
quatorze ans et elle est élevée de la manière la
plus snob : équitation, yoga, robes de Virginie.
Elle est à l'Ecole alsacienne avec la seconde fille
de Diana et elle fait une esbroufe incroyable.
En même temps elle se plaint que sa mère la
néglige. Diana dit que Noëllie demande à ses
clients des honoraires exorbitants, qu'elle soigne
formidablement sa publicité et qu'elle est prête
à tout pour réussir. Nous avons parlé de ses
vantardises, l'année passée. Stupidement ce massacre me soulageait. Ça ressemblait à un envoû-
tement magique : là où on plante des épingles,
la rivale sera mutilée, défigurée, et l'amant verra
ses plaies hideuses. Il me semblait impossible
que notre portrait de Noëllie ne s'impose pas
à Maurice. (Il y a une chose que je lui dirai :
ce n'est pas elle qui a plaidé l'affaire Rampal.)

Jeudi 21 octobre.

Maurice a tout de suite été sur la défensive :
— J'entends d'ici Diana! elle déteste Noëllie!
— C'est vrai, ai-je dit. Mais si Noëllie le sait,
pourquoi la fréquente-t-elle?
— Et pourquoi Diana voit-elle Noëllie? ce sont
des relations mondaines. Alors? m'a-t-il demandé
avec un peu de défi. Qu'est-ce que Diana t'a
raconté?
— Tu me diras que c'est de la malveillance.
— Ça; sûrement : les femmes qui ne font
rien ne peuvent pas blairer celles qui travaillent.
(Les femmes qui ne font rien : le mot m'est

resté sur le cœur. Ce n'est pas un mot de Maurice.)

— Et les femmes mariées n'aiment pas qu'on se jette à la tête de leur mari, ai-je dit.

— Ah! c'est la version de Diana? m'a dit Maurice d'un air amusé.

— Noëllie prétend l'inverse, évidemment. Chacun sa vérité...

J'ai regardé Maurice.

— Et dans ton cas, qui s'est jeté à la tête de l'autre?

— Je t'ai raconté comment ça s'est passé.

Oui, au *Club 46* il a raconté, mais ce n'était pas bien clair. Noëllie lui a amené sa fille, qui avait de l'anémie, il lui a proposé de passer une soirée avec lui, elle a accepté, ils se sont retrouvés au lit. Oh! ça m'est égal. J'ai enchaîné :

— Si tu veux savoir, Diana juge que Noëllie est intéressée, arriviste et snob.

— Et tu la crois sur parole?

— En tout cas elle est menteuse.

J'ai parlé de l'affaire Rampal qu'elle prétend avoir plaidée alors qu'elle était seulement l'assistante de Brévant.

— Mais elle n'a jamais dit le contraire. Elle considère que c'est son procès dans la mesure où elle a beaucoup travaillé dessus, c'est tout.

Ou il mentait ou il avait trafiqué ses souvenirs. Je suis à peu près sûre qu'elle avait parlé de sa plaidoirie.

— En tout cas elle s'attribuait tout le succès de l'affaire.

— Ecoute, a-t-il dit gaiement, si elle a tous les défauts que tu lui attribues, comment expliques-tu que je puisse passer cinq minutes avec elle?

— Je ne me l'explique pas.

— Je ne vais pas te faire son apologie. Mais je t'assure que c'est une femme estimable.

Tout ce que je dirai contre Noëllie, Maurice y verra l'effet de ma jalousie. Mieux vaut me taire. Mais elle m'est très antipathique. Elle me rappelle ma sœur : même assurance, même bagou, même élégance faussement négligée. Il semble que cet alliage de coquetterie et de dureté plaise aux hommes. Quand j'avais seize ans et elle dix-huit, Maryse me soufflait tous mes flirts. Au point que j'étais crispée d'appréhension quand je lui ai présenté Maurice. J'ai fait un cauchemar terrible où il tombait amoureux d'elle. Il s'est indigné. « Elle est tellement extérieure ! tellement truquée ! Du faux brillant, du strass. Toi tu es un vrai joyau. » Authentique : c'était un mot à la mode, à l'époque. Il disait que j'étais authentique. En tout cas c'est moi qu'il aimait, et je n'ai plus envié ma sœur, j'ai été contente d'être qui j'étais. Mais alors comment peut-il estimer Noëllie qui est de la même espèce que Maryse ? Il m'échappe entièrement s'il se plaît avec quelqu'un qui me déplaît à ce point — et qui devrait lui déplaire s'il était fidèle à notre code. Décidément il a changé. Il se laisse prendre aux fausses valeurs que nous méprisions. Ou simplement il s'abuse sur Noëllie. Je voudrais que ses yeux se dessillent vite. La patience commence à me manquer.

« Les femmes qui ne font rien ne peuvent pas blairer celles qui travaillent. » Le mot m'a surprise et blessée. Maurice trouve bon qu'une femme ait un métier ; il a beaucoup regretté que Colette choisisse le mariage et la vie au foyer, il m'en a même un peu voulu de ne pas l'en détourner. Mais enfin, il admet qu'il y a pour une femme d'autres manières de s'accomplir. Il n'a jamais pensé que je ne faisais « rien »; au contraire il s'étonnait que je m'occupe si sérieusement des cas qu'il me signalait tout en tenant très bien la maison et en suivant nos filles de près; et cela sans jamais paraître tendue ou surmenée. Les autres femmes lui semblaient toujours trop passives ou trop agitées. Moi, j'avais une vie équilibrée; il disait même : harmonieuse. « Tout est harmonieux chez toi. » Il m'est insupportable qu'il reprenne à son compte le dédain de Noëllie pour les femmes qui « ne font rien ».

Dimanche 24 octobre.

Je commence à voir clair dans le jeu de Noëllie : elle essaie de me réduire au rôle de femme d'intérieur aimante et résignée qu'on laisse à la maison. J'aime rester avec Maurice au coin du feu; mais je trouve irritant que ce soit toujours elle qu'il emmène au concert, au théâtre. Vendredi j'ai protesté quand il m'a dit qu'il avait été avec elle à un vernissage :

— Tu as horreur des vernissages! m'a-t-il répondu.

— Mais j'aime la peinture.

— Si elle avait été bonne, je serais retourné la voir avec toi.

Facile à dire. Noëllie lui prête des livres; elle joue à l'intellectuelle. Je connais moins bien qu'elle la littérature et la musique modernes, d'accord. Mais dans l'ensemble je ne suis pas moins cultivée qu'elle ni moins intelligente. Maurice m'a écrit une fois qu'il se fiait à mon jugement plus qu'à aucun autre parce qu'il est à la fois « éclairé et naïf ». Je cherche à exprimer

exactement ce que je pense, ce que je sens : lui
aussi; et rien ne nous semble plus précieux que
cette sincérité. Il ne faut pas que je laisse Noëllie
éblouir Maurice par ses esbroufes, J'ai demandé
à Isabelle de m'aider à me remettre dans le bain.
En cachette de Maurice évidemment, sinon il se
moquera de moi.

Elle continue à m'exhorter à la patience; elle
m'assure que Maurice n'a pas démérité, que je
dois lui garder mon estime et mon amitié. Cela
m'a fait du bien qu'elle m'en dise de lui; à force
de m'interroger sur son compte, de me méfier, de
le blâmer, j'ai fini par le méconnaître. C'est vrai
que les premières années, entre son cabinet chez
Simca et le petit appartement où braillaient les
enfants, sa vie aurait été austère si nous ne nous
étions pas tant aimés. C'est tout de même pour
moi, m'a-t-elle dit, qu'il a renoncé à l'internat;
il aurait pu être tenté de m'en vouloir. Là je ne
suis pas d'accord. La guerre l'avait retardé; les
études commençaient à l'excéder, il souhaitait
une vie d'adulte. Ma grossesse, nous en avons été
tous deux responsables et pas question sous
Pétain de risquer un avortement. Non, une rancune aurait été injuste. Notre mariage l'a rendu
aussi heureux que moi. Cependant c'est un de
ses mérites d'avoir su se montrer aussi gai, aussi
tendre, dans des conditions ingrates et même
difficiles. Jusqu'à cette histoire, je n'avais jamais
eu l'ombre d'un reproche à lui adresser.

Cette conversation m'a donné du courage : j'ai
demandé à Maurice que nous passions ensemble
le prochain week-end. Je voudrais qu'il retrouve
avec moi une gaieté, une intimité qu'il a un peu
oubliées; et aussi qu'il se rappelle notre passé.
J'ai proposé de retourner à Nancy. Il a eu l'air
perplexe et accablé du type qui sait qu'il aura

des scènes de l'autre côté. (J'aimerais bien
qu'elle lui prouve que le partage est impossible.)
Il n'a dit ni oui ni non : ça dépend de ses malades.

Mercredi 27 octobre.

Décidément il ne pourra pas quitter Paris ce
week-end. Ça signifie que Noëllie s'y oppose.
Je me suis insurgée; pour la première fois j'ai
pleuré devant lui. Il a eu l'air consterné : « Oh!
ne pleure pas. Je tâcherai de trouver un rempla-
çant! » Il a fini par me promettre qu'il se dé-
brouillerait : lui aussi il a envie de ce week-end.
C'est vrai ou non. Mais ce qui est certain c'est
que mes larmes l'ont bouleversé.

J'ai passé une heure au parloir avec Marguerite. Elle s'impatiente. Que les journées doivent
être longues! L'assistante est gentille, mais elle
ne peut pas la laisser sortir avec moi sans une
autorisation qui n'arrive pas. Sans doute par
simple négligence, car j'offre toutes garanties de
moralité.

Jeudi 28 octobre.

Donc nous partons samedi et dimanche. « Je
me suis débrouillé! » m'a-t-il dit d'un ton triom-
phant. Il était visiblement fier d'avoir tenu tête
à Noëllie : trop fier. Cela signifie que la lutte a
été chaude, donc qu'elle compte beaucoup pour
lui. Je l'ai trouvé nerveux toute la soirée. Il a bu
deux verres de whisky au lieu d'un et fumé cigarette sur cigarette. Il mettait un entrain excessif
à établir notre itinéraire et ma réserve l'a déçu :

— Tu n'es pas contente?

— Bien sûr que si.

Je ne l'étais qu'à demi. Noëllie a-t-elle pris tant de place dans sa vie qu'il doive se battre avec elle pour m'emmener en week-end? Et en suis-je moi-même au point de la considérer comme une rivale? Non. Je refuse les récriminations, les calculs, les perfidies, les victoires, les défaites. Je préviendrai Maurice; « Je ne te disputerai pas à Noëllie. »

Lundi 1ᵉʳ novembre.

Ça ressemblait tellement au passé : je croyais presque que le passé allait renaître de cette ressemblance. Nous avons roulé à travers le brouillard, puis sous un beau soleil froid. A Bar-le-Duc, à Saint-Mihiel, nous avons revu avec autant d'émotion qu'autrefois les œuvres de Ligier Richier; c'est moi qui les lui avais fait connaître; depuis, nous avons pas mal voyagé, beaucoup vu et le « Décharné » nous a encore étonnés. A Nancy devant les grilles de la place Stanislas, j'ai senti au cœur quelque chose d'aigu : un bonheur douloureux tant il était devenu insolite. Dans les vieilles rues provinciales je serrais son bras sous le mien; ou parfois il le passait autour de mes épaules.

Nous avons parlé de tout, de rien et beaucoup de nos filles. Il n'arrive pas à comprendre que Colette ait épousé Jean-Pierre; chimie, biologie, il avait en tête pour elle une brillante carrière et nous lui aurions laissé toute liberté sentimentale et sexuelle, elle le savait. Pourquoi s'est-elle entichée de ce garçon tellement quelconque, au point de lui sacrifier son avenir?

— Elle est contente comme ça, ai-je dit.

— J'aurais mieux aimé qu'elle le soit autrement.

Le départ de Lucienne, sa préférée, l'attriste encore davantage. Tout en approuvant ses goûts d'indépendance, il aurait voulu qu'elle reste à Paris, qu'elle fasse sa médecine et devienne sa collaboratrice.

— Alors elle n'aurait pas été indépendante.

— Mais si. Elle aurait eu sa vie à elle tout en travaillant avec moi.

Les pères n'ont jamais exactement les filles qu'ils souhaitent parce qu'ils se font d'elles une certaine idée à laquelle elles devraient se plier. Les mères les acceptent telles qu'elles sont. Colette avait besoin avant tout de sécurité et Lucienne de liberté; je les comprends toutes les deux. Chacune à sa manière, Colette si sensible, si humaine, Lucienne si énergique, si brillante, je les trouve tout à fait réussies.

Nous sommes descendus dans le même petit hôtel qu'il y a vingt ans, et c'était — peut-être à un autre étage — la même chambre. Je me suis couchée la première et je le regardais, aller et venir, dans son pyjama bleu, pieds nus sur la moquette élimée. Il n'avait l'air ni gai ni triste. Et l'image m'a aveuglée, cent fois évoquée, figée, mais non pas usée, brillante encore de fraîcheur : Maurice marchant pieds nus sur cette moquette, dans son pyjama noir; il avait relevé le col, les pointes encadraient son visage, il parlait à tort et à travers, avec une excitation enfantine. J'ai compris que j'étais venue ici avec l'espoir de retrouver cet homme éperdu d'amour : depuis des années et des années je ne l'ai plus rencontré, bien que toujours ce souvenir se superpose, comme une mousseline diaphane, aux visions

que j'ai de lui. Ce soir, précisément parce
que le cadre était le même, au contact de
l'homme de chair et d'os qui fumait une cigarette, la vieille image est tombée en poussière.
J'ai eu une révélation foudroyante : *le temps
passe.* Je me suis mise à pleurer. Il s'est assis au
bord du lit, il m'a enlacée tendrement :

— Mon chéri, ma petite, ne pleure pas, pourquoi pleures-tu?

Il caressait mes cheveux. Il piquait de petits
baisers sur ma tempe.

— Ce n'est rien, c'est fini, lui ai-je dit. Je suis
bien.

J'étais bien, la chambre baignait dans une
agréable pénombre, les lèvres, les mains de Maurice étaient douces; ma bouche s'est posée sur la
sienne, j'ai glissé la main sous la veste de son
pyjama. Et soudain il était debout, il m'avait
repoussée d'un sursaut. J'ai murmuré :

— Je te dégoûte à ce point-là?

— Tu es folle mon chéri! mais je suis mort
de fatigue. C'est le grand air, la marche. J'ai
besoin de dormir.

Je me suis engloutie sous les couvertures. Il
s'est couché. Il a éteint. Il me semblait être au
fond d'un tombeau, le sang figé dans mes veines,
incapable de bouger ou de pleurer. Nous n'avons
pas fait l'amour depuis Mougins; et encore, si on
appelle ça faire l'amour... Je me suis endormie
vers quatre heures du matin. Quand je me suis
réveillée, il rentrait dans la chambre, tout
habillé, il était environ neuf heures. Je lui ai
demandé d'où il venait.

— J'ai été faire un tour.

Mais dehors il pleuvait et il n'avait pas son
imperméable; il n'était pas mouillé : il avait été
téléphoner à Noëllie. Elle a exigé qu'il lui télé-

phone; elle n'a même pas eu la générosité de me
le laisser tout à moi pendant un malheureux
week-end. Je n'ai rien dit. La journée s'est traî-
née. Chacun se rendait compte que l'autre faisait
des efforts pour être aimable et gai. Nous avons
été d'accord pour rentrer dîner à Paris et finir la
soirée au cinéma.

Pourquoi m'a-t-il repoussée? On m'aborde
encore dans la rue, on me fait du genou au cinéma; j'ai un peu épaissi : pas beaucoup. Mes seins
se sont abîmés après la naissance de Lucienne;
mais il y a dix ans Maurice les trouvait émouvants. Et Quillan, il y a deux ans, crevait d'envie
de coucher avec moi. Non. Si Maurice a sursauté,
c'est parce qu'il a Noëllie dans la peau; il ne
supporterait pas de coucher avec une autre. S'il
l'a dans la peau à ce point-là et si en même temps
il se laisse éblouir par elle, les choses sont beaucoup plus graves que je ne l'imaginais.

Mercredi 3 novembre.

La gentillesse de Maurice m'est presque pénible : il regrette l'incident de Nancy. Mais plus
jamais il ne m'embrasse sur la bouche. Je me
sens parfaitement misérable.

Vendredi 5 novembre.

Je me suis bien tenue, mais avec quel effort!
Heureusement que Maurice m'avait avertie. (Il a
beau dire, je persiste à penser qu'il aurait dû
l'empêcher de venir.) J'ai failli rester chez moi;
il a insisté, nous ne sortons pas si souvent, je

n'allais pas me priver de ce cocktail, on ne s'expliquerait pas mon absence. Ou pensait-il qu'on se l'expliquerait trop bien? Je regardais les Couturier, les Talbot, tous ces amis qui sont venus si souvent à la maison et je me demandais dans quelle mesure ils étaient au courant, si parfois Noëllie les recevait avec Maurice. Talbot, Maurice n'est pas intime avec lui; mais évidemment depuis le soir où il a gaffé au téléphone, il a deviné que des choses se passaient derrière mon dos. Couturier, Maurice n'a rien de caché pour lui. J'entends sa voix complice : « Je suis censé être au laboratoire avec toi. » Et les autres, ont-ils des soupçons? Ah! j'étais si fière de notre couple : un couple modèle. Nous démontrions qu'un amour peut durer sans s'assoupir. Combien de fois me suis-je fait la championne de l'intégrale fidélité! En miettes le couple exemplaire! Restent un mari qui trompe sa femme, et une femme délaissée à qui on ment. Et je dois cette humiliation à Noëllie. Cela me semble à peine croyable. Oui, on peut la trouver séduisante mais sans parti pris, quel chiqué! Son petit sourire de coin, la tête un peu penchée, cette manière de boire les paroles de l'interlocuteur et soudain, la tête rejetée en arrière, le joli rire perlé. Une femme forte et pourtant si féminine. Avec Maurice elle était exactement comme l'année dernière chez Diana : distante et intime, et il avait le même air d'admiration stupide. Et comme l'année dernière cette idiote de Luce Couturier me regardait d'un air gêné. (Est-ce que l'an dernier Maurice était déjà attiré par Noëllie? est-ce que ça se voyait? J'avais remarqué son air émerveillé, oui, mais sans penser que ça tirait à conséquence.) Je lui ai dit d'un ton amusé :

— Je trouve Noëllie Guérard charmante. Maurice a du goût.

Elle a écarquillé les yeux :

— Ah! vous êtes au courant?

— Evidemment!

Je l'ai invitée à prendre un verre chez moi la semaine prochaine. Je voudrais savoir qui est au courant, qui ne l'est pas, depuis quand. Ont-ils pitié de moi? ricanent-ils? Je suis peut-être mesquine mais je voudrais qu'ils meurent tous pour que s'anéantisse la lamentable image qu'ils se font à présent de moi.

Samedi 6 novembre.

Cette conversation avec Maurice m'a laissée désemparée parce qu'il était calme, amical et qu'il semblait de bonne foi. En reparlant du cocktail d'hier je lui ai dit, en toute bonne foi moi aussi, ce qui me gênait chez Noëllie. D'abord le métier d'avocat me déplaît; pour de l'argent on défend un type contre un autre, même si c'est ce dernier qui a raison. C'est immoral. Maurice m'a répondu que Noëllie exerce sa profession de façon très sympathique; qu'elle n'accepte pas n'importe quelle cause, qu'elle demande de gros honoraires aux riches, oui, mais qu'il y a un tas de gens qu'elle assiste pour rien. Il est faux qu'elle soit intéressée. Son mari l'a aidée à acheter son cabinet : pourquoi non puisqu'ils ont gardé d'excellents rapports? (Mais ne les a-t-elle pas gardés pour qu'il finance son cabinet?) Elle veut arriver : ça n'a rien de blâmable du moment qu'on choisit ses moyens. Là j'ai eu du mal à garder mon calme :

— Tu dis ça; et jamais tu n'as cherché à arriver.

— Quand j'ai décidé de me spécialiser, c'est que j'en avais assez de stagner.

— D'abord tu ne stagnais pas.

— Intellectuellement, si. J'étais loin de tirer de moi tout ce que je pouvais.

— Soit. En tout cas tu n'as pas agi par arrivisme : tu voulais progresser intellectuellement et faire avancer certains problèmes. Ce n'était pas une question de fric et de carrière.

— Arriver pour un avocat c'est aussi autre chose que le fric et la réputation; on plaide des causes de plus en plus intéressantes.

J'ai dit qu'en tout cas, pour Noëllie, le côté mondain comptait énormément.

— Elle travaille beaucoup, elle a besoin de détente, m'a-t-il répondu.

— Mais pourquoi les galas, les générales, les boîtes de nuit à la mode, ça me semble absurde.

— Absurde? au nom de quoi? Tous les divertissements ont quelque chose d'absurde.

Ça, ça m'a sciée. Lui qui déteste autant que moi les mondanités !

— Enfin, il n'y a qu'à l'entendre parler cinq minutes pour se rendre compte que Noëllie n'est pas quelqu'un d'authentique.

— Authentique... qu'est-ce que ça veut dire? C'est un mot dont on a tant abusé.

— Toi le premier.

Il n'a pas répondu. J'ai insisté :

— Noëllie me fait penser à Maryse.

— Mais non.

— Je t'assure qu'elle lui ressemble; c'est le genre de personne qui ne s'arrête jamais à regarder un coucher de soleil.

Il a ri :

— Je te dirai que ça ne m'arrive pas souvent non plus.

— Allons donc! tu aimes autant que moi la nature.

— Admettons. Mais je ne vois pas pourquoi tout le monde devrait avoir nos goûts.

Sa mauvaise foi m'a révoltée :

— Ecoute, lui ai-je dit, je dois te prévenir d'une chose : je ne te disputerai pas à Noëllie; si tu me la préfères, ça te regarde. Je ne lutterai pas.

— Qui te parle de lutter?

Je ne lutterai pas. Mais j'ai peur soudain. Serait-il possible que Maurice me la préfère? Cette idée ne m'était jamais venue. Je sais que j'ai — bon, laissons tomber le mot authenticité qui est peut-être pédant — une certaine *qualité* qu'elle n'a pas. « Tu es de bonne qualité », me disait papa avec fierté. Et Maurice aussi, en d'autres termes. C'est cette *qualité* que je prise avant tout chez les gens — chez Maurice, chez Isabelle; et Maurice est comme moi. Non. Impossible qu'il me préfère quelqu'un d'aussi frelaté que Noëllie. Elle est « cheap » comme on dit en anglais. Mais je m'inquiète qu'il accepte d'elle tant de choses que je juge inacceptables. Pour la première fois, je réalise qu'une distance s'est creusée entre nous.

Mercredi 10 novembre.

J'avais téléphoné avant-hier à Quillan. Oh! je n'en suis pas fière. J'avais besoin de m'assurer qu'un homme peut encore me trouver à son goût. La preuve est faite. Et à quoi ça m'avance-t-il?

Je n'en ai pas repris plus de goût pour moi-même.

Je n'étais pas du tout décidée à coucher avec lui : ni à ne pas le faire. J'ai passé du temps à ma toilette : des sels parfumés dans mon bain et j'ai verni mes ongles de pied. C'est à pleurer! En deux ans il n'a pas vieilli mais il s'est affiné, son visage est plus intéressant. Je ne me rappelais pas qu'il était si beau. Ce n'est sûrement pas faute de plaire qu'il a mis tant d'empressement à m'inviter. Ç'aurait pu être en souvenir du passé, et je craignais — je le craignais beaucoup — qu'il ne fût déçu. Mais non.

— En somme, vous êtes heureux?

— Je le serais si je vous voyais plus souvent.

C'était dans un restaurant plaisant derrière le Panthéon : de vieux disques Nouvelle-Orléans, des fantaisistes très drôles, des chanteurs avec un bon répertoire, genre anarchiste. Quillan connaissait presque tout le monde dans la salle : des peintres comme lui, des sculpteurs, des musiciens, jeunes dans l'ensemble. Il a chanté lui-même, sur un accompagnement de guitare. Il se rappelait quels disques, quels plats j'aimais; il m'a acheté une rose; il avait pour moi mille prévenances et j'ai réalisé combien Maurice à présent en a peu. Et il me faisait aussi de ces petits compliments un peu bêtes que je n'entends plus jamais : sur mes mains, mon sourire, ma voix. Peu à peu je me suis laissé bercer par cette tendresse. J'ai oublié qu'en ce moment Maurice souriait à Noëllie. Après tout, moi aussi, j'avais ma part de sourires. Sur une serviette en papier il a dessiné un joli petit portrait de moi : je n'avais vraiment pas l'air d'un vieux rebut. J'ai un peu bu, pas beaucoup. Et quand il m'a demandé de monter prendre un verre chez moi, j'ai accepté. (J'avais dit que Maurice était à la campagne.) Je nous ai servi deux whiskies. Il ne faisait pas un geste mais ses yeux me guettaient. Ça m'a semblé absurde de le voir assis à la place où Maurice s'assied d'habitude; ma gaieté m'a quittée. J'ai frissonné.

— Vous avez froid. Je vais vous allumer un grand feu.

Il a bondi vers la cheminée, avec tant d'élan et de maladresse qu'il a renversé la statuette de bois que j'ai achetée avec Maurice en Egypte et que j'aime tant. J'ai poussé un cri : elle était cassée !

— Je vous la raccommoderai, m'a-t-il dit, c'est très facile.

Mais il avait l'air consterné : à cause de mon cri, sans doute; j'avais crié très fort. Au bout d'un moment j'ai dit que j'étais fatiguée, que je devais aller dormir.

— Quand nous reverrons-nous?

— Je vous téléphonerai.

— Vous ne téléphonerez pas. Prenons un rendez-vous tout de suite.

J'ai indiqué une date au hasard. Je me décommanderai. Il est parti, je suis restée stupide, avec un morceau de ma statue dans chaque main. Et je me suis mise à sangloter.

Il me semble que Maurice a tiqué quand je lui ai dit que j'avais revu Quillan.

Samedi 13 novembre.

Chaque fois je crois avoir touché le fond. Et puis je m'enfonce plus loin encore dans le doute et le malheur. Luce Couturier s'est laissé avoir comme une enfant; au point que je me demande

si elle ne l'a pas fait exprès... Cette histoire dure
depuis plus d'un an. Et Noëllie était avec lui à
Rome en octobre! Maintenant je comprends le
visage de Maurice, à l'aérodrome de Nice : le
remords, la honte, la crainte d'être découvert.
On a tendance à se forger des pressentiments
après coup. Mais là, je n'invente rien. J'ai flairé
quelque chose puisque le départ de l'avion m'a
arraché le cœur. On passe sous silence des gênes,
des malaises pour lesquels on ne trouve pas de
mots, mais qui existent.

En quittant Luce, j'ai marché longtemps, sans
savoir où j'allais. J'étais hébétée. Je m'en rends
compte maintenant : apprendre que Maurice couchait avec une autre femme ne m'a pas tellement
étonnée. Ce n'est pas tout à fait au hasard que
j'ai posé la question : Il y a une femme dans ta
vie? Sans être jamais formulée, vague et fugitive,
l'hypothèse s'indiquait en creux, à travers les
distractions de Maurice, ses absences, sa froideur. Il serait exagéré de dire que je m'en doutais. Mais enfin je ne suis pas tombée des nues.
Tandis que Luce me parlait, je tombais, je tombais et je me suis retrouvée complètement brisée.
Toute cette année, il faut que je la revoie à la
lumière de cette découverte : Maurice couchait
avec Noëllie. Il s'agit d'une longue liaison. Le
voyage en Alsace que nous n'avons pas fait. J'ai
dit : « Je me sacrifie à la guérison de la leucémie. » Pauvre idiote! C'était Noëllie qui le rete-
nait à Paris. Au moment du dîner chez Diana,
ils étaient déjà amants et Luce le savait. Et
Diana? J'essaierai de la faire parler. Qui sait
si cette affaire ne remonte pas encore plus loin?
Noëllie était avec Louis Bernard, il y a deux ans;
mais peut-être cumulait-elle. Quand je pense que
j'en suis réduite à des hypothèses! Et il s'agit

de Maurice et de moi! Tous les amis étaient au
courant évidemment! Oh! qu'importe? Je n'en
suis plus à me soucier du qu'en-dira-t-on. Je suis
trop radicalement anéantie. L'image qu'on peut
se faire de moi, je m'en fous. Il s'agit de survivre.

« Rien n'est changé entre nous! » Quelles illusions je me suis faites sur cette phrase. Voulait-il
dire que rien n'était changé puisqu'il me trom-
pait déjà depuis un an? Ou ne voulait-il rien
dire du tout?

Pourquoi m'a-t-il menti? Il me croyait incapable de supporter la vérité? ou il avait honte?
Alors pourquoi m'a-t-il parlé? Sans doute parce
que Noëllie était fatiguée de la clandestinité?
De toute façon ce qui m'arrive est affreux.

Dimanche 14 novembre.

Ah! j'aurais peut-être mieux fait de me taire.
Mais je n'ai jamais rien eu de caché pour Maurice; enfin, rien de sérieux. Je n'ai pas pu garder
sur le cœur son mensonge et mon désespoir. Il a
frappé sur la table : « Tous ces ragots! » Son
visage m'a bouleversée. Je le connais ce visage de
colère, je l'aime; quand on demande à Maurice
une compromission, sa bouche se crispe, son
regard se durcit. Mais cette fois c'est moi qui
étais visée, ou presque. Non, Noëllie n'était pas
à Rome avec lui. Non, il n'a pas couché avec elle
avant août. Il la voyait de temps en temps, on
avait pu les rencontrer ensemble, ça ne tirait
pas à conséquence.

— Personne ne vous a rencontrés; mais tu t'es
confié à Couturier qui a tout raconté à Luce.

— J'ai dit que je voyais Noëllie, non que je
couchais avec elle. Luce a tout déformé. Télé-

phone à Couturier, tout de suite, demande-lui
la vérité.

— Tu sais bien que c'est impossible.

J'ai pleuré. Je m'étais promis de ne pas pleurer, mais j'ai pleuré. J'ai dit :

— Tu ferais mieux de tout me dire. Si je
connaissais vraiment la situation, je pourrais
essayer d'y faire face. Mais tout soupçonner, ne
rien savoir, c'est intolérable. Si tu te bornais à
voir Noëllie, pourquoi me l'avoir caché?

— Bon. Je vais te dire l'entière vérité. Mais
alors, crois-moi. J'ai couché trois fois avec Noëllie l'an dernier et ça ne comptait vraiment pas.
Je n'ai pas été à Rome avec elle. Tu me crois?

— Je ne sais pas. Tu m'as tant menti !

Il a eu un grand geste de désespoir :

— Que veux-tu que je fasse pour te convaincre?

— Tu ne peux rien faire.

Mardi 16 novembre.

Quand il entre, qu'il me sourit, qu'il m'embrasse en me disant : « Bonjour mon chéri »,
c'est Maurice; ce sont ses gestes, son visage, sa
chaleur, son odeur. Et en moi pendant un instant
une grande douceur : sa présence. En rester là,
ne pas chercher à savoir : je comprends presque
Diana. Mais c'est plus fort que moi. Je veux
savoir ce qu'il y a. Et d'abord quand va-t-il
vraiment au laboratoire, le soir? quand va-t-il
chez elle? Je ne peux pas téléphoner, il le saura
et sera exaspéré. Le suivre? Louer une voiture et
le suivre? Ou tout simplement vérifier où est la
sienne? C'est moche, c'est avilissant. Mais j'ai
besoin d'y voir un peu clair.

Diana prétend ne rien savoir. Je lui ai demandé de faire parler Noëllie :

— Elle est bien trop maligne; elle ne racontera rien.

— Vous êtes au courant de sa liaison par moi. Si vous lui en parlez, elle sera bien obligée de répondre quelque chose.

Elle m'a promis en tout cas de se renseigner sur Noëllie : elles ont des relations communes. Si je découvrais des choses qui la démolissent aux yeux de Maurice!

Inutile de relancer Luce Couturier. Maurice lui aura fait faire la leçon par son mari. Et celui-ci dira à Maurice que je l'ai revue... Non, ça serait une maladresse.

Jeudi 18 novembre.

La première fois que j'ai été guetter Maurice au laboratoire, l'auto était dans le parking. La seconde, non. Je me suis fait conduire jusqu'à la maison de Noëllie. Je n'ai pas eu à chercher longtemps : quel coup au cœur! Je l'aimais notre voiture, c'était un fidèle animal domestique, une présence chaude et rassurante; et soudain elle servait à me trahir; je l'ai détestée. Je suis restée debout sous une porte cochère, hébétée. Je voulais surgir brusquement devant Maurice, quand il sortirait de chez Noëllie. Ça ne servirait qu'à le mettre en colère, mais j'étais si égarée qu'il fallait que je fasse quelque chose, n'importe quoi. Je me raisonnais. Je me disais : « Il ment pour me ménager. S'il me ménage, c'est qu'il tient à moi. En un sens ce serait plus grave s'il s'en foutait. » J'avais presque réussi à me

convaincre quand j'ai eu un autre coup au cœur :
ils sortaient ensemble. Je me suis cachée. Ils
ne m'ont pas vue. Ils ont remonté à pied le
boulevard jusqu'à une grande brasserie. Ils mar-
chaient bras dessus, bras dessous, vite et en
riant. J'aurais pu cent fois les imaginer marchant bras dessus, bras dessous, en riant. Je ne
l'avais pas vraiment fait. Pas plus que je ne les
imagine vraiment au lit, je n'ai pas le courage.
Et ce n'est pas pareil de voir. Je me suis mise
à trembler. Je me suis assise sur un banc malgré
le froid. J'ai tremblé un grand moment. En
rentrant je me suis couchée et quand il est revenu à minuit je faisais semblant de dormir.

Mais quand il m'a dit hier soir : « Je vais au
laboratoire », j'ai demandé :

— Pour de vrai?

— Bien sûr.

— Samedi tu étais chez Noëllie.

Il m'a regardée avec une froideur plus terri-
fiante encore que la colère :

— Tu m'espionnes!

J'ai eu les larmes aux yeux :

— Il s'agit de ma vie, de mon bonheur. Je
veux la vérité. Et tu continues à mentir!

— J'essaie d'éviter les scènes, m'a-t-il dit d'un
air excédé.

— Je ne fais pas de scène.

— Non?

Il appelle scène chacune de nos explications.
Et du coup, comme je protestais, ma voix s'est
montée et nous avons eu une scène. J'ai reparlé
de Rome. Il a de nouveau nié. N'y a-t-elle pas
été? ou au contraire était-elle aussi à Genève?
L'ignorance me ronge.

Samedi 20 novembre.

Des scènes, non. Mais je suis maladroite. Je me
contrôle mal, je fais des remarques qui l'aga-
cent. Je dois l'avouer, il suffit qu'il ait un avis
pour que j'en prenne le contre-pied, supposant
qu'elle le lui a soufflé. En fait, je n'ai rien contre
l'op'art. Mais la complaisance de Maurice à se
soumettre à ce « sadisme optique » m'a irritée :
c'était évidemment Noëllie qui lui avait indiqué
cette exposition. J'ai soutenu, bêtement, que ce
n'était pas de la peinture, et comme il discutait
je l'ai attaqué : croit-il se rajeunir en se toquant
de toutes les modes?

— Tu as tort de t'irriter.

— Je m'irrite parce que tu veux tellement être
dans le vent que tu perds tout sens critique.

Il a haussé les épaules sans répondre.

Vu Marguerite. Passé un grand moment avec
Colette. Mais rien à en dire.

Dimanche 21 novembre.

Sur sa liaison avec Maurice, Noëllie — du
moins selon Diana dont je me méfie un peu
— n'a dit que des fadaises. La situation est pénible pour tout le monde, mais on arrivera sans
doute à un équilibre. Je suis sûrement une
femme très bien mais la diversité plaît aux
hommes. Comment envisage-t-elle l'avenir? Elle
a répondu : « Qui vivra verra », ou à peu près.
Elle était sur ses gardes.

Diana m'a raconté une histoire, mais trop
obscure pour que je l'utilise. Noëllie a failli
être poursuivie devant le conseil de l'Ordre parce

qu'elle a capté la confiance d'un client d'une collègue, un gros client qui a ôté à l'autre le soin de ses affaires pour le refiler à Noëllie. Ce sont des procédés qu'on considère au Palais comme inacceptables et dont Noëllie serait coutumière. Mais Maurice me répondrait : « Des ragots! » Je lui ai dit que la fille de Noëllie se plaignait d'être négligée par sa mère.

— Toutes les petites filles se plaignent de leur mère, à cet âge-là : rappelle-toi tes difficultés avec Lucienne. En fait Noëllie ne néglige pas du tout sa fille. Elle lui apprend à se débrouiller seule, à vivre par elle-même, et elle a bien raison.

Ça, c'était une pierre dans mon jardin. Il s'est souvent moqué de mon côté mère poule. Nous avons même eu quelques disputes là-dessus.

— Ça ne la gêne pas cette petite qu'un homme passe des nuits dans le lit de sa mère?

— L'appartement est grand et Noëllie fait très attention. D'ailleurs elle ne lui a pas caché que depuis son divorce il y a des hommes dans sa vie.

— Drôles de confidences d'une mère à sa fille. Franchement tu ne trouves pas ça un peu choquant?

— Non.

— Je n'aurais jamais imaginé d'avoir ce genre de rapports avec Colette ou Lucienne.

Il n'a rien répondu; son silence impliquait clairement que les méthodes d'éducation de Noëllie valaient bien les miennes. J'en ai été blessée : il est trop clair que Noëllie se conduit de la manière qui l'arrange le mieux, sans se soucier de l'intérêt de l'enfant. Alors que j'ai toujours fait le contraire.

— En somme, ai-je dit, tout ce que fait Noëllie est bien fait.

Il a eu un geste d'impatience :

— Ah! ne me parle pas tout le temps de Noëllie!

— Comment m'en empêcher? Elle est dans ta
vie et ta vie me concerne.

— Oh! tu en prends et tu en laisses.

— Comment ça?

— Ma vie professionnelle : ça ne semble pas te
concerner. Tu ne m'en parles jamais.

C'était une contre-attaque déloyale. Il sait bien
qu'en se spécialisant, il s'est avancé sur un terrain où je ne peux pas le suivre.

— Qu'est-ce que je pourrais t'en dire? Tes
recherches me dépassent complètement.

— Même mes articles de vulgarisation, tu ne
les lis pas.

— La médecine ne m'a jamais tellement intéressée en tant que science. C'était le rapport
vivant aux malades qui me passionnait.

— Tu pourrais tout de même avoir de la
curiosité pour ce que je fais..

Il y avait de la rancune dans sa voix. Je lui ai
souri tendrement.

— C'est que je t'aime et t'estime par-delà tout
ce que tu peux faire. Si tu deviens un grand
savant, célèbre et tout, ça ne m'étonnera pas,
tu en es sûrement capable. Mais j'avoue qu'à
mes yeux ça ne t'ajoutera rien. Tu ne me comprends pas?

Il m'a souri aussi :

— Mais si.

Ce n'est pas la première fois qu'il se plaint de
mon indifférence à sa carrière, et jusqu'ici, je
n'étais pas mécontente qu'elle l'agace un peu. Je
me dis soudain qu'elle est maladroite. Noëllie lit
ses articles, elle les commente, la tête un peu
penchée, un sourire admiratif aux lèvres. Mais
comment modifier mon attitude? ce serait cousu

de fil blanc. Toute cette conversation m'a été
pénible. Je suis sûre que Noëllie n'est pas une
bonne mère. Une femme aussi sèche, aussi
froide, ne peut pas donner à sa fille ce que j'ai
donné aux miennes.

Lundi 22 novembre.

Non, je ne dois pas essayer de suivre Noëllie
sur son propre terrain, mais me battre sur le
mien. Maurice était sensible à tous les soins dont
je l'entourais, et je le néglige. J'ai passé la
journée à mettre de l'ordre dans nos armoires.
J'ai définitivement rangé les affaires d'été, sorti
de la naphtaline et aéré les vêtements d'hiver,
dressé un inventaire. Demain j'irai lui acheter
les chaussettes, les pull-overs, les pyjamas dont
il a besoin. Il lui faudrait aussi deux bonnes
paires de souliers : nous les choisirons ensemble
dès qu'il aura un moment libre. C'est réconfor-
tant, des placards bien remplis où chaque chose
est à sa place. Abondance, sécurité... Les piles de
fins mouchoirs, de bas, de tricots m'ont donné
l'impression que l'avenir ne pouvait pas me faire
défaut.

Mardi 23 novembre.

J'en suis malade de honte. J'aurais dû y penser. Maurice avait son visage des mauvais jours
quand il est rentré à la maison pour déjeuner.
Presque tout de suite il m'a jeté :
— Tu as tort de faire confiance à ton amie
Diana. On a raconté à Noëllie qu'elle menait sur
elle une véritable enquête, dans les milieux d'a-

vocats et parmi leurs relations communes. Et
elle dit partout que c'est toi qui l'en as chargée.

J'ai rougi et j'ai eu mal. Maurice ne me jugeait
jamais, il était ma sécurité : et me voilà devant
lui, plaidant coupable, quelle détresse !

— J'ai simplement dit que j'aimerais savoir
qui est Noëllie.

— Tu aurais mieux fait de me le demander
plutôt que de susciter des commérages. Tu crois
que je ne vois pas Noëllie comme elle est ? tu te
trompes. Je connais ses défauts aussi bien que
ses qualités. Je ne suis pas un collégien amoureux.

— Je ne pense quand même pas que ton avis
soit très objectif.

— Et tu penses que Diana et ses copines sont
objectives ? elles sont la malveillance même. Tu
peux être sûre qu'elles ne t'épargnent pas non
plus.

— Bon, ai-je dit, je vais dire à Diana de tenir
sa langue.

— Je te le conseille !

Il a fait un effort pour changer la conversation. Nous avons parlé poliment. Mais la honte
me brûle. C'est moi qui me déconsidère à ses
yeux.

Vendredi 26 novembre.

En présence de Maurice, je ne peux plus m'empêcher de me sentir devant un juge. Il pense de
moi des choses qu'il ne me dit pas : ça me donne
le vertige. Je me voyais si tranquillement dans
ses yeux. Je ne me voyais même que par ses
yeux : une image trop flatteuse peut-être mais
où en gros je me reconnaissais. Maintenant je

me demande : Qui voit-il? Me croit-il mesquine,
jalouse, indiscrète et même déloyale puisque
j'enquête derrière son dos? C'est injuste. Lui
qui passe tant de choses à Noëllie, ne peut-il pas
comprendre l'inquiète curiosité que j'ai d'elle?
Je déteste les commérages, j'en ai suscité, soit,
mais j'ai bien des excuses. Il n'a plus fait allu-
sion à cette histoire d'ailleurs; il est d'une par-
faite gentillesse. Mais je me rends compte qu'il
ne me parle plus à cœur ouvert. Il me semble
parfois lire dans son regard... pas exactement de
la pitié; dirai-je : une légère dérision? (Ce drôle
de coup d'œil qu'il m'a jeté, quand je lui ai
raconté ma sortie avec Quillan.) Oui, c'est
comme s'il me perçait à jour et me trouvait
touchante et un peu ridicule. Par exemple quand
il m'a surprise en train d'écouter du Stockhausen; il a eu un ton indéfinissable pour demander :

— Tiens! tu te mets à la musique moderne?
— Isabelle m'a passé des disques qu'elle aime.
— Elle aime Stockhausen? c'est nouveau.
— C'est nouveau, oui. Ça arrive que les goûts
évoluent.
— Et toi, ça te plaît?
— Non. Je n'y comprends rien.

Il a ri, il m'a embrassée comme si ma franchise
l'avait rassuré. En fait elle était calculée. J'ai
compris qu'il avait compris pourquoi j'écoutais
cette musique et il ne m'aurait pas crue si j'avais
prétendu la goûter.

Résultat : je n'oserai pas lui parler de mes récentes lectures, bien qu'en fait un certain nombre de ces « nouveaux romans » m'aient plu. Il
penserait aussitôt que je veux damer le pion à
Noëllie. Comme tout devient compliqué dès qu'on
commence à avoir des arrière-pensées!

Explication embrouillée avec Diana. Elle jure sur la tête de ses enfants n'avoir pas dit qu'elle se renseignait pour mon compte. C'est une hypothèse qu'a dû faire Noëllie elle-même. Elle reconnaît avoir confié à une amie : « Oui, en ce moment je m'intéresse à Noëllie Guérard. » Mais ce n'était vraiment pas compromettant pour moi. Elle a été sûrement maladroite. Je lui ai demandé de laisser tomber. Elle a eu l'air blessée.

Samedi 27 novembre.

Je dois apprendre à me contrôler, à m'observer, mais c'est si peu dans ma nature! J'étais spontanée, transparente; et sereine aussi, alors qu'à présent j'ai le cœur plein d'anxiété et de rancune. Quand il a ouvert une revue, juste en sortant de table, j'ai pensé : « Il ne fait pas ça chez Noëllie », et ç'a été plus fort que moi, j'ai dit avec violence :

— Tu ne ferais pas ça chez Noëllie!

Un éclair a passé dans ses yeux.

— Je voulais juste jeter un coup d'œil sur un article, m'a-t-il dit d'un ton posé. Ne te hérisse pas comme ça, pour des riens.

— Ce n'est pas de ma faute : tout me hérisse.

Il y a eu un silence : à table je lui avais raconté ma journée et je ne trouvais rien à lui dire. Il a fait un effort :

— Tu as fini les *Lettres* de Wilde?

— Non. Je n'ai pas continué.

— Tu disais que c'était intéressant...

— Si tu savais comme je m'en balance de Wilde, et comme j'ai peu envie de t'en parler!

J'ai été prendre un disque dans la discothèque :

— Veux-tu qu'on écoute la cantate que tu as rapportée?

— D'accord.

Je n'ai pas écouté longtemps; des sanglots me montaient à la gorge; la musique n'était plus qu'un alibi. Nous n'avions plus rien à nous dire, obsédés par la même histoire dont il ne voulait pas parler. Il m'a demandé d'une voix patiente :

— Pourquoi pleures-tu?

— Parce que tu t'ennuies avec moi. Parce que nous ne pouvons plus nous parler. Tu as dressé des barrières entre nous.

— C'est toi qui en dresses : tu n'arrêtes pas de rabâcher des griefs.

Je l'exaspère chaque jour un peu davantage. Je ne le voudrais pas. Et tout de même une part de moi-même le veut. Quand il semble gai et insouciant, je me dis : « C'est trop facile. » Et tout prétexte m'est bon pour déranger sa tranquillité.

Lundi 30 novembre.

Je m'étonnais que Maurice n'ait pas encore parlé des sports d'hiver. En revenant du cinéma, hier soir, je lui ai demandé où il aimerait aller cette année. Il m'a répondu, d'un air évasif, qu'il n'y avait pas réfléchi. J'ai flairé du louche. Je commence à avoir le flair et d'ailleurs ce n'est pas difficile : il y a toujours du louche. J'ai insisté. Il a dit très vite, sans me regarder :

— Nous irons où tu voudras; mais je dois te prévenir que je compte aussi passer quelques jours à Courchevel avec Noëllie.

Je m'attends toujours au pire; et toujours c'est pire que ce que j'attendais :

— Combien de jours?

— Une dizaine.

— Et combien de temps resteras-tu avec moi?

— Une dizaine de jours.

— Ça c'est trop fort! Tu me prends la moitié de nos vacances pour les donner à Noëllie!

La colère me coupait la parole. J'ai réussi à articuler :

— Vous avez décidé ça ensemble, sans me consulter?

— Non, je ne lui en ai pas encore parlé, m'a-t-il dit.

J'ai dit :

— Eh bien! continue! Ne lui en parle pas.

Il m'a dit d'une voix posée : « J'ai envie de ces dix jours avec elle. » Il y avait dans ces mots une menace à peine voilée : si tu m'en prives, notre séjour à la montagne sera un enfer. J'étais écœurée à l'idée que j'allais céder à ce chantage. Assez de concessions! Ça ne m'avance à rien et je me dégoûte. Il faut regarder les choses en face. Il ne s'agit pas d'une aventure. Il fait deux parts de sa vie et je n'ai pas la meilleure. C'est assez. Tout à l'heure je lui dirai : « C'est elle ou moi. »

Mardi 1ᵉʳ décembre.

Ainsi je ne me trompais pas : il m'a manœuvrée. Avant d'en venir à un aveu complet, il m'a « fatiguée » comme on fatigue le taureau. Aveu suspect qui est lui-même une manœuvre. Faut-il le croire? Je ne me suis pas aveuglée pendant huit ans. Il m'a dit ensuite que c'était faux. Ou est-ce à ce moment-là qu'il mentait? Où est la vérité? existe-t-elle encore?

Dans quelle colère je l'ai mis! Ai-je été vraiment si insultante? On ne se rappelle pas bien les choses qu'on dit, surtout dans l'état où je me trouvais. J'ai voulu le blesser, c'est sûr; j'y ai trop bien réussi.

Pourtant j'ai commencé avec beaucoup de calme : « Je ne veux pas d'un partage, il faut choisir. »

Il a eu l'air accablé du type qui se dit : « Nous y voilà! ça devait arriver! Comment m'en sortir? » Il a pris sa voix la plus enjôleuse :

— Je t'en prie. Ne me demande pas de rompre avec Noëllie. Pas maintenant.

— Maintenant, si. Cette histoire a assez duré; je ne l'ai tolérée que trop longtemps.

Je l'ai regardé avec défi :

— Enfin, à qui tiens-tu le plus? à elle ou à moi?

— A toi bien sûr, a-t-il dit d'un ton neutre. Et il a ajouté : — Mais je tiens aussi à Noëllie.

J'ai vu rouge :

— Avoue donc la vérité. C'est à elle que tu tiens le plus! Eh bien! Va la rejoindre. Va-t-en d'ici. Va-t'en tout de suite. Prends tes affaires, et va-t'en.

J'ai sorti sa valise de l'armoire, j'y ai jeté pêle-mêle du linge, j'ai décroché des cintres. Il m'a prise par le bras : « Arrête! » J'ai continué. Je voulais qu'il parte; je le voulais vraiment, j'étais sincère. Sincère parce que je n'y croyais pas. C'était comme un affreux psychodrame où on joue à la vérité. C'est la vérité, mais on la joue. Je criais :

— Va la retrouver cette garce, cette intrigante, cette petite avocate véreuse.

Il m'a saisie aux poignets :

— Retire ce que tu viens de dire.

— Non. C'est une sale bonne femme. Elle t'a eu à la flatterie. Tu me la préfères par vanité. Tu sacrifies notre amour à ta vanité.

Il me répétait : « Tais-toi. » Mais je continuais. Je disais pêle-mêle tout ce que je pensais de Noëllie et aussi de lui. Oui, je me rappelle vaguement. J'ai dit qu'il se laissait bluffer comme un minable, qu'il devenait snob et arriviste, qu'il n'était plus l'homme que j'avais aimé, qu'autrefois il avait un cœur, il se dévouait à autrui; maintenant il était desséché, égoïste, seule sa carrière l'intéressait.

— Qui est égoïste? a-t-il crié.

Et il m'a arraché la parole. C'était moi l'égoïste, moi qui n'avais pas hésité à lui faire lâcher l'internat, qui aurais voulu le maintenir toute sa vie dans la médiocrité pour le garder à la maison, qui suis jalouse de son travail : une castratrice...

J'ai crié. L'internat il l'avait lâché de grand cœur. Il m'aimait. Oui, mais il ne souhaitait pas se marier tout de suite, je le savais, et pour l'enfant on aurait pu se débrouiller.

— Tais-toi! Nous avons été heureux, passionnément heureux : tu disais que tu ne vivais que pour notre amour.

— C'était vrai : tu ne m'avais laissé rien d'autre. Tu aurais dû penser qu'un jour j'en souffrirais. Et quand j'ai voulu m'évader, tu as tout fait pour m'en empêcher.

Je ne me souviens plus des phrases exactes, mais c'était le sens de cette scène affreuse. J'étais possessive, impérieuse, envahissante avec mes filles comme avec lui.

— Tu as poussé Colette à faire un mariage idiot; et c'est pour t'échapper que Lucienne est partie.

Ça m'a mise hors de moi; de nouveau j'ai crié, j'ai pleuré. A un moment j'ai dit :

— Si tu penses tant de mal de moi, comment peux-tu encore m'aimer?

Et il m'a jeté au visage :

— Mais je ne t'aime plus. Après ces scènes d'il y a dix ans, j'ai cessé de t'aimer !

— Tu mens ! Tu mens pour me faire souffrir !

— C'est toi qui te mens. Tu prétends aimer la vérité : laisse-moi te la dire. Après, nous prendrons des décisions.

Donc depuis huit ans il ne m'aime plus et il a couché avec des femmes; avec la petite Pellerin, pendant deux ans; avec une cliente sud-américaine dont j'ignore tout; avec une infirmière de la clinique; enfin, *depuis dix-huit mois* avec Noëllie. J'ai hurlé, j'étais au bord de la crise de nerfs. Alors il m'a donné un calmant, sa voix a changé :

— Ecoute, je ne pense pas tout ce que je viens de dire. Mais tu es si injuste que tu me rends injuste !

Il m'a trompée, oui, ça c'est vrai. Mais il n'a pas cessé de tenir à moi. Je lui ai demandé de s'en aller. Je suis restée prostrée, essayant de comprendre cette scène, de démêler le vrai du faux.

Un souvenir m'est revenu. J'étais rentrée sans qu'il m'entende, il y a trois ans. Il riait au téléphone : ce rire tendre et complice que je connais bien. Je n'ai pas entendu les mots : seulement cette tendresse complice dans sa voix. Le sol s'est dérobé : j'étais dans une autre vie où Maurice m'aurait trompée et j'aurais souffert à crier. Je me suis approchée bruyamment :

— A qui téléphones-tu?

— A mon infirmière.

— Tu lui parles bien amicalement.

— Ah! c'est une fille charmante, je l'adore, m'a-t-il dit avec un parfait naturel.

Je me suis retrouvée dans ma vie, près de l'homme qui m'aimait. D'ailleurs, si je l'avais vu dans un lit avec une femme, je n'en aurais pas cru mes yeux. (Et cependant le souvenir est là, intact, douloureux.)

Il a couché avec ces femmes; mais ne m'aimait-il plus? Et qu'y a-t-il de vrai dans ses reproches? Il sait très bien que pour l'internat et notre mariage nous avons tout décidé ensemble : avant ce matin, jamais il n'avait prétendu le contraire. Il s'est forgé ses griefs pour s'excuser de me tromper : il est moins coupable si je suis fautive. Tout de même pourquoi a-t-il choisi ceux-là? Pourquoi cette phrase atroce à propos des petites? Je suis si fière de les avoir réussies, chacune de manière différente, selon sa propre nature. Colette avait comme moi la vocation du foyer : au nom de quoi l'aurais-je contrariée? Lucienne voulait voler de ses propres ailes : je ne l'en ai pas empêchée. Pourquoi tant de rancune injuste chez Maurice? J'ai mal à la tête et je n'y vois plus du tout clair.

J'ai téléphoné à Colette. Elle vient juste de me quitter : minuit. Elle m'a fait du bien, m'a fait du mal, je ne sais plus où est mon bien ni mon mal. Non, je n'étais pas autoritaire, possessive, envahissante; elle m'a assuré avec effusion que j'étais une mère idéale et que nous nous entendions parfaitement, son père et moi. Lucienne, comme beaucoup de jeunes, la vie de famille lui pesait mais ce n'était pas de ma faute. (Lucienne avait des rapports compliqués avec moi parce qu'elle adorait son père, un Œdipe classique : ça ne prouve rien contre moi.) Elle s'est irritée :

— Je trouve dégoûtant de la part de papa de t'avoir dit ce qu'il t'a dit.

Mais elle a été jalouse de Maurice, à cause de Lucienne; elle est agressive à son égard, trop empressée à le prendre en faute. Trop désireuse aussi de me réconforter. Lucienne avec sa dureté aiguë m'aurait mieux renseignée. J'ai parlé pendant des heures avec Colette et je n'en suis pas plus avancée.

Je me trouve dans une impasse. Si Maurice est un salaud, j'ai gâché ma vie à l'aimer. Mais peut-être avait-il des raisons pour ne plus me supporter. Alors je dois me penser haïssable, méprisable, sans même savoir pourquoi. Les deux hypothèses sont atroces.

Mercredi 2 décembre.

Isabelle pense — en tout cas elle dit — que Maurice ne pensait pas le quart de ce qu'il a dit. Il a eu des aventures sans me les avouer : c'est banal. Elle m'a toujours répété qu'une fidélité de vingt ans, ce n'était pas possible pour un homme. Evidemment Maurice aurait mieux fait de parler mais il s'est senti ligoté par ses serments. Ses griefs contre moi, sans doute vient-il seulement de les inventer : s'il m'avait épousée à contre-cœur, je m'en serais rendu compte, nous n'aurions pas été si heureux. Elle me conseille de passer l'éponge. Elle s'obstine à penser que je tiens le bon bout. Les hommes choisissent le plus facile : il est plus facile de rester avec sa femme que de s'aventurer dans une vie nouvelle. Elle m'a fait prendre rendez-vous par téléphone avec une de ses vieilles amies qui est gynécologue, qui connaît très bien les problèmes du couple et qui pourra m'aider, pense-t-elle, à voir clair dans mon histoire. Soit.

Maurice est aux petits soins, depuis lundi, comme chaque fois qu'il est allé trop loin.

— Pourquoi m'as-tu laissée vivre pendant huit ans dans le mensonge?

— Je ne voulais pas te faire de peine.

— Tu aurais dû me dire que tu ne m'aimais plus.

— Mais ce n'est pas vrai : j'ai dit ça par colère; j'ai toujours tenu très fort à toi. J'y tiens.

— Tu ne peux pas tenir à moi si tu penses la moitié de ce que tu m'as dit. Tu penses vraiment que j'ai été une mère abusive?

Décidément, de toutes les méchancetés qu'il m'a jetées au visage, c'est celle qui m'a le plus révoltée.

— Abusive, c'est exagéré.

— Mais?

— Je t'ai toujours dit que tu couvais trop les petites. Colette a réagi en se modelant trop docilement sur toi et Lucienne par un antagonisme qui t'a souvent été pénible.

— Mais qui finalement l'a aidée à se réaliser. Elle est contente de son sort et Colette du sien : que veux-tu de plus?

— Si elles sont vraiment contentes...

Je n'ai pas insisté. Sa tête est pleine d'arrière-pensées. Mais il y a des réponses que je n'aurais pas la force d'entendre : je ne pose pas les questions.

Vendredi 4 décembre.

Des souvenirs implacables. Comment avais-je réussi à les écarter, à les neutraliser? Un certain regard, il y a deux ans, à Mykonos, quand il m'a dit : « Achète-toi donc un maillot d'une pièce. » Je sais, je savais : un peu de cellulite sur les cuisses, le ventre plus tout à fait plat. Mais je pensais qu'il s'en fichait. Quand Lucienne se moquait des grosses mémères en bikini, il protestait :« Eh bien quoi? qui ça gêne-t-il? Ce n'est pas une raison parce qu'on vieillit pour priver son corps d'air et de soleil. » Moi j'avais envie de soleil et d'air, ça ne gênait personne. Et tout de même — peut-être à cause des très belles filles qui fréquentaient la plage — il ma dit ça : « Achète-toi un maillot d'une pièce. » Je ne l'ai d'ailleurs pas acheté.

Et puis il y a eu cette dispute, l'année dernière, le soir où les Talbot sont venus dîner avec les Couturier. Talbot faisait très grand patron, il a félicité Maurice d'un rapport sur l'origine de certains virus, et Maurice avait l'air flatté, comme un écolier à qui on décerne le prix d'excellence. Ça m'a agacée parce que je n'aime pas Talbot; quand il dit de quelqu'un : « C'est une valeur! », je le giflerais. Après leur départ, j'ai dit en riant à Maurice :

— Bientôt Talbot va dire de toi : c'est une valeur! Tu en as de la chance!

Il s'est irrité. Il m'a reproché plus vivement que de coutume de ne pas me soucier de ses travaux et de mépriser ses succès. Il m'a dit que ça ne l'intéressait pas d'être estimé en bloc si jamais dans le détail je ne suis touchée par ce qu'il fait. Il y avait tant d'acrimonie dans sa voix que soudain mon sang s'est glacé :

— Que tu es hostile!

Il a paru interdit :

— Ne dis pas de sottises!

Ensuite il m'a persuadée que c'était une dis-

pute semblable à beaucoup d'autres. Mais le froid
de la mort m'avait effleurée.

Jalouse de son travail : je dois reconnaître que
ce n'est pas faux. Pendant dix ans j'ai fait à travers Maurice une expérience qui me passionnait :
la relation du médecin avec le malade; je partici-
pais, je le conseillais. Ce lien entre nous, si important pour moi, il a choisi de le briser. Alors,
assister de loin, passivement, à ses progrès,
j'avoue n'y avoir guère mis de bonne volonté! Ils
me laissent froide, oui : c'est l'être humain que
j'admire en lui, non le chercheur. Mais castratrice, le mot est injuste. J'ai seulement refusé de
feindre des enthousiasmes que je n'éprouvais
pas : il aimait ma sincérité. Je ne veux pas croire
qu'elle ait blessé sa vanité. Maurice n'a pas de
petitesses. Ou en a-t-il et Noëllie sait-elle les
exploiter? Idée odieuse. Tout se brouille dans ma
tête. Je croyais savoir qui j'étais, qui il était : et
soudain je ne nous reconnais plus, ni lui ni moi.

Dimanche 6 décembre.

Quand ça arrive aux autres, ça semble un évé-
nement limité, facile à cerner, à surmonter. Et on
se trouve absolument seule, dans une expérience
vertigineuse que l'imagination n'a pas même approchée.
Les nuits que Maurice passe chez Noëllie, j'ai
peur de ne pas dormir et j'ai peur de dormir. Ce
lit vide à côté du mien, ce drap plat et froid... J'ai
beau prendre des somnifères, je rêve. Souvent en
rêve je m'évanouis de malheur. Je reste là sous
les yeux de Maurice, paralysée, avec sur mon visage toute la douleur du monde. J'attends qu'il se

précipite vers moi. Il me jette un regard indifférent et s'éloigne. Je me suis réveillée, c'était encore la nuit; je sentais le poids des ténèbres,
j'étais dans un corridor, je m'y engouffrais, il devenait de plus en plus étroit, je respirais à peine;
bientôt il faudrait ramper et j'y resterais coin-
cée jusqu'à ce que j'expire. J'ai hurlé. Et je me
suis mise à l'appeler plus doucement, dans les
larmes. Toutes les nuits je l'appelle; pas lui :
l'autre, celui qui m'aimait. Et je me demande si
je ne préférerais pas qu'il soit mort. Je me disais : la mort est le seul malheur irréparable; s'il
me quittait, je guérirais. La mort était horrible
parce qu'elle était possible, la rupture supporta-
ble parce que je ne l'imaginais pas. Mais en fait,
je me dis que s'il était mort je saurais du moins
qui j'ai perdu et qui je suis. Je ne sais plus rien.
Ma vie derrière moi s'est tout entière effondrée,
comme dans ces tremblements de terre où le sol
se dévore lui-même; il s'engloutit dans votre dos
au fur et à mesure que vous fuyez. Il n'y a pas de
retour. La maison a disparu, et le village et toute
la vallée. Même si vous survivez, rien ne reste,
pas même la place que vous avez occupée sur
terre.

Je suis si brisée le matin que, si la femme de
ménage ne venait pas à dix heures, je resterais
au lit tous les jours — comme je fais le dimanche — jusqu'à midi passé, ou peut-être, quand
Maurice ne rentre pas déjeuner, toute la journée.
Mme Dormoy sent que quelque chose ne va pas.
En remportant le plateau du petit déjeuner, elle
me dit avec reproche :

— Vous n'avez rien mangé !

Elle insiste, et parfois j'avale un toast, pour
avoir la paix. Mais les bouchées ne passent pas.

Pourquoi ne m'aime-t-il plus? Il faudrait savoir pourquoi il m'a aimée. On ne se pose pas la question. Même si on n'est ni orgueilleux ni narcissiste, c'est tellement extraordinaire d'être soi, justement soi, c'est tellement unique que ça semble naturel d'être unique aussi pour quelqu'un d'autre. Il m'aimait, c'est tout. Et pour toujours, puisque ce serait toujours moi. (Et je me suis étonnée, chez les autres femmes, de cet aveuglement. Curieux qu'on ne puisse comprendre sa propre histoire qu'en s'aidant de l'expérience des autres — qui n'est pas la mienne, qui n'aide pas.)

Des fantasmes idiots. Un film vu quand j'étais petite. Une épouse allait trouver la maîtresse de son mari : « Pour vous ce n'est qu'un caprice. Moi je l'aime! » Et la maîtresse émue l'envoyait à sa place au rendez-vous nocturne. Dans l'obscurité son mari la prenait pour l'autre et le matin, tout penaud, il lui revenait. C'était un vieux film muet, que le Studio présentait dans une intention ironique mais qui m'avait beaucoup remuée. Je revois la longue robe de la femme, ses bandeaux.

Parler à Noëllie? mais pour elle ce n'est pas un caprice : une entreprise. Elle me dirait qu'elle l'aime; et certainement elle tient à tout ce qu'il peut apporter à une femme, aujourd'hui. Moi je l'ai aimé quand il avait vingt-trois ans, un avenir incertain, des difficultés. Je l'ai aimé sans garantie; j'ai renoncé à faire moi-même une carrière. Je ne regrette rien d'ailleurs.

Lundi 7 décembre.

Colette, Diana, Isabelle : moi qui n'aimais pas les confidences! Et cet après-midi Marie Lam-

bert. Elle a une grande expérience. Je voudrais
tant qu'elle puisse m'éclairer.

Ce qui ressort de notre longue conversation,
c'est combien je comprends mal moi-même mon
histoire. Je sais tout mon passé par cœur et soudain je n'en sais plus rien. Elle m'a demandé un
bref résumé écrit. Essayons.

La médecine, telle que papa l'exerçait dans son
cabinet de Bagnolet, je pensais qu'il n'y avait pas
de plus beau métier. Mais pendant ma première
année j'ai été bouleversée, écœurée, débordée par
l'horreur quotidienne. J'ai flanché plusieurs fois.
Maurice était externe et dès le premier regard ce
que j'ai lu sur son visage m'a émue. Nous
n'avions eu l'un et l'autre que de brèves aventures. Nous nous sommes aimés. Ça a été l'amour
fou, l'amour sage : l'amour. Il a été cruellement
injuste quand il m'a dit l'autre jour que je l'avais
détourné de l'internat : jusqu'alors il avait toujours pris l'entière responsabilité de sa décision.
Il en avait assez d'être étudiant. Il souhaitait une
vie d'adulte, un foyer. Le pacte de fidélité que
nous avons fait, il y tenait plus encore que moi
parce que le remariage de sa mère lui avait laissé
une horreur maladive des ruptures, des sépara-
tions. Nous nous sommes mariés l'été 44, et le début de notre bonheur a coïncidé avec la joie gri-
sante de la Libération. Maurice était attiré par la
médecine sociale. Il a trouvé une situation chez
Simca. C'était moins astreignant que d'être médecin de quartier et il aimait sa clientèle d'ouvriers.

Maurice a été déçu par l'après-guerre. Son travail chez Simca s'est mis à l'ennuyer. Couturier
— qui avait réussi l'internat — l'a persuadé d'entrer avec lui dans la polyclinique de Talbot, de
travailler dans son équipe, de se spécialiser. Sans
doute — Marie Lambert me l'a fait sentir — ai-je

trop violemment lutté contre sa décision, voici
dix ans; sans doute lui ai-je trop montré que je
ne m'y étais jamais résignée du fond du cœur.
Mais ce n'est pas une raison suffisante pour
avoir cessé de m'aimer. Quel rapport y a-t-il au
juste entre son changement de vie et celui de ses
sentiments?

Elle m'a demandé s'il me faisait souvent des
reproches, des critiques. Oh! nous nous dispu-
tons, nous avons tous les deux le sang vif. Mais
ce n'est jamais grave. Du moins pour moi.

Notre vie sexuelle? Je ne sais pas à quel moment elle a perdu sa chaleur. Qui des deux s'est
lassé le premier? Il m'est arrivé d'être piquée par
son indifférence : d'où mon flirt avec Quillan.
Mais peut-être ma froideur l'avait-elle déçu? C'est
secondaire, il me semble. Ça expliquerait qu'il ait
couché avec d'autres femmes, non qu'il se soit
détaché de moi. Ni qu'il se soit toqué de Noëllie.

Pourquoi elle? Si au moins elle était vraiment
belle, vraiment jeune, ou remarquablement intelligente, je comprendrais. Je souffrirais, mais je
comprendrais. Elle a trente-huit ans, elle est
agréable sans plus, et très superficielle. Alors,
pourquoi? J'ai dit à Marie Lambert :

— Je suis sûre que je vaux mieux qu'elle.

Elle a souri :

— La question n'est pas là.

Où est la question? Sauf la nouveauté, et un
joli corps, qu'est-ce que Noëllie peut donner à
Maurice que moi je ne lui donne pas? Elle dit :

— On ne comprend jamais les amours des
autres.

Mais j'ai une conviction que je sais mal exprimer. Avec moi Maurice a une relation en profon-
deur, qui engage ce qu'il y a d'essentiel en lui et
qui est donc indestructible. Il n'est lié à Noëllie

que par ses sentiments les plus extérieurs : chacun d'eux pourrait en aimer un autre. Maurice et
moi, nous sommes soudés. La faille, c'est que ma
relation avec Maurice n'est pas indestructible,
puisqu'il la détruit. Où l'est-elle? N'éprouve-t-il
pour Noëllie qu'un engouement qui prend des
allures de passion mais qui va se dissiper? Ah!
ces échardes d'espoir qui de temps en temps me
traversent le cœur, plus douloureuses que le désespoir même.

Il y a une autre question que je retourne dans
ma tête, à laquelle il n'a pas vraiment répondu :
Pourquoi m'a-t-il parlé maintenant? pas avant?
Il aurait absolument dû me prévenir. J'aurais eu
des histoires, moi aussi. Et j'aurais travaillé; il y
a huit ans, j'aurais trouvé le courage de faire
quelque chose; il n'y aurait pas ce vide autour de
moi. C'est ce qui a le plus choqué Marie Lambert : que Maurice par son silence m'ait refusé la
possibilité d'affronter, armée, une rupture. Dès
qu'il a douté de ses sentiments, il devait me pousser à me bâtir une vie indépendante de lui. Elle
suppose, et moi aussi, que Maurice s'est tu pour
assurer à ses filles un foyer heureux. Quand je
me félicitais de l'absence de Lucienne, après ses
premiers aveux, je me trompais : il ne s'agissait
pas d'un hasard. Mais alors, c'est monstrueux :
il a choisi pour m'abandonner le moment où je
n'avais plus mes filles.

Impossible d'admettre que j'ai engagé toute
ma vie dans l'amour d'un homme aussi égoïste. Je
suis sûrement injuste! Marie Lambert me l'a dit,
d'ailleurs : « Il faudrait connaître son point de
vue. Ces histoires de rupture, racontées par la
femme, on n'y comprend jamais rien. C'est le
" mystère masculin ", beaucoup plus impénétrable que le " mystère féminin ". » Je lui ai sug

géré de parler à Maurice; elle a refusé; j'aurais
moins confiance en elle si elle le connaissait. Elle
était très amicale : mais tout de même avec des
réticences, des hésitations.

Décidément, la personne qui me serait le plus
utile, c'est Lucienne, avec son sens critique aigu;
elle a vécu toutes ces années dans une semi-hosti-
lité à mon égard qui lui permettrait de m'éclairer. Mais par lettre, elle ne me dirait que des banalités.

Jeudi 10 décembre.

En allant chez Couturier qui n'habite pas loin
de Noëllie, j'ai cru reconnaître la voiture. Non.
Mais chaque fois que j'aperçois une DS vert sombre, avec un toit gris et à l'intérieur une couverture verte et rouge, il me semble que c'est celle
que j'appelais notre voiture, qui est maintenant
sa voiture puisque nos vies ne se confondent
plus. Et j'éprouve de l'angoisse. Avant je savais
toujours exactement où il était, ce qu'il faisait.
Maintenant il peut être n'importe où : là justement où j'aperçois cette auto.

C'était incongru d'aller voir Couturier et il a
paru très embarrassé quand au téléphone je lui
ai annoncé ma visite. Mais je veux comprendre.

— Je sais que vous êtes d'abord l'ami de Maurice, lui-ai-je dit en arrivant. Je ne viens pas vous
demander de renseignements : mais seulement
de me donner sur la situation le point de vue
d'un homme.

Il s'est détendu. Mais il ne m'a rien dit du
tout. L'homme a plus que la femme besoin de
changements. Une fidélité de quatorze ans, c'est
déjà très rare. C'est normal de mentir : on ne

veut pas faire de peine. Et quand on est en
colère, on dit des choses qu'on ne pense pas.
Sûrement Maurice m'aime encore : on peut aimer
deux personnes, de différentes façons...

Tous ils vous expliquent ce qui est normal,
c'est-à-dire ce qui arrive aux autres. Et moi j'essaie d'utiliser cette clé universelle! Comme si
n'étaient pas en jeu Maurice, moi, et ce qu'il y a
d'unique dans notre amour.

Faut-il que je sois tombée bas! J'ai eu un sursaut d'espoir en lisant dans un hebdo que sur le
plan amoureux le Sagittaire cette semaine rem-
porterait un succès important. En revanche je
me suis attristée en regardant chez Diana un petit livre d'astrologie : il semble que le Sagittaire
et le Bélier ne soient pas du tout faits l'un pour
l'autre. J'ai demandé à Diana si elle connaissait
le signe de Noëllie. Non. Elle m'en veut depuis
notre désagréable explication et elle s'est fait un
plaisir de me dire que Noëllie lui avait parlé un
peu plus longuement de Maurice. Elle ne renon-
cera jamais à lui, ni lui à elle. Moi, je suis une
femme très bien (elle tient à cette formule, sem-
ble-t-il) mais je n'apprécie pas Maurice à sa vraie
valeur. J'ai eu du mal à me contenir quand Diana
m'a répété cette phrase. Maurice se serait plaint
de moi à Noëllie? « Toi au moins tu t'intéresses à
ma carrière. » Non, il n'a pas pu lui dire ça, je ne
veux pas le croire. Sa vraie valeur... celle de Maurice ne se réduit pas à sa réussite sociale, il le sait
bien lui-même, c'est autre chose qui le touche
chez les gens. Ou me trompé-je sur lui? A-t-il un
côté frivole, mondain qui s'épanouirait auprès de
Noëllie? Je me suis forcée à rire. Et puis j'ai dit
que je voudrais tout de même comprendre ce que
les hommes trouvent à Noëllie. Diana m'a donné

une idée : faire analyser nos trois écritures; elle m'a indiqué une adresse, et confié une lettre — sans intérêt — de Noëllie. J'ai été chercher une des récentes lettres de Maurice, j'ai écrit au graphologue un mot où je lui demandais une prompte réponse et j'ai été déposer le tout chez sa concierge.

Samedi 12.

Je suis désarçonnée par les analyses du graphologue. L'écriture la plus intéressante, selon lui, c'est celle de Maurice : grande intelligence, culture étendue, puissance de travail, ténacité, sensibilité profonde, mélange d'orgueil et de doute de soi, superficiellement très ouvert, mais au fond assez secret (je résume). Moi, il me trouve beaucoup de qualités : de l'équilibre, de la gaieté, de la franchise, un vif souci d'autrui; il a noté aussi une sorte d'avidité affective qui risque de me rendre un peu pesante à mon entourage. Ça concorde avec ce que me reproche Maurice : d'être envahissante, possessive. Je sais bien qu'il y a cette tendance en moi : mais je l'ai si énergiquement combattue! J'ai fait un tel effort pour laisser libres Colette et Lucienne, ne pas les accabler de questions, respecter leurs secrets. Et Maurice : si souvent j'ai réprimé ma sollicitude, contenu mes élans, évité d'entrer dans son bureau malgré mon envie ou de le couver des yeux quand il lisait à côté de moi! Je voulais être pour eux à la fois présente et légère : ai-je échoué? La graphologie révèle les tendances plutôt que les conduites. Et Maurice m'a attaquée par colère. Leur verdict me laisse incertaine. De toute façon, même si je suis un peu excessive, trop démons-

trative, trop attentive, bref, un peu encombrante,
ce n'est pas une raison suffisante pour que Maurice me préfère Noëllie.

Quant à elle, son portrait, s'il est plus contras-
té que le mien et comporte plus de défauts, me
semble somme toute plus flatteur. Elle est ambitieuse, elle aime paraître mais elle a une sensibilité nuancée, beaucoup d'énergie, de la générosité
et une intelligence très vive. Je ne prétends pas
être quelqu'un d'extraordinaire; mais Noëllie est
si superficielle qu'elle ne peut pas m'être supé-
rieure, même par l'intelligence. Il faudra que je
fasse faire une contre-expertise. De toute façon la
graphologie n'est pas une science exacte.

Je me tourmente. Comment les gens me voient-
ils? Et en toute objectivité, qui suis-je? Suis-je
moins intelligente que je ne l'imagine? Ça, c'est
le genre de question qu'il est inutile de poser,
personne n'osera me répondre que je suis sotte.
Et comment savoir? Tout le monde se croit intel-
ligent, même les gens que je trouve stupides.
C'est pourquoi une femme est toujours plus sensible aux compliments qu'on lui fait sur son physique qu'à ceux qui concernent son esprit : pour
ce qui est de l'esprit, elle a ses évidences intimes,
que tout le monde a et qui par conséquent ne
prouvent rien. Pour connaître ses limites, il faudrait pouvoir les dépasser : c'est sauter par-dessus son ombre. Je comprends toujours ce qu'on
me dit, ce que je lis : mais peut-être je comprends trop vite, faute de savoir saisir les riches-
ses et les difficultés d'une idée. Sont-ce mes défi-
ciences qui m'empêchent de percevoir la supériorité de Noëllie?

Samedi soir.

Est-ce la chance promise cette semaine au Sagittaire? Au téléphone Diana m'a appris une nouvelle qui peut avoir une importance décisive :
Noëllie coucherait avec l'éditeur Jacques Vallin.
C'est Mme Vallin elle-même qui l'a dit à une amie
de Diana : elle a surpris des lettres et elle hait
Noëllie. Comment le faire savoir à Maurice? Il est
si sûr de l'amour de Noëllie, il tomberait des
nues. Seulement il ne me croira pas. Il me faudrait des preuves. Je ne peux tout de même pas
aller trouver Mme Vallin que je ne connais pas et
lui demander les lettres. Vallin est extrêmement
riche. Entre lui et Maurice, c'est lui que Noëllie
choisirait s'il consentait à divorcer. Quelle intrigante! Si seulement je pouvais l'estimer, je souffrirais moins. (Je sais. Une autre femme est en
train de se dire à propos de sa rivale : si seulement je pouvais la mépriser, je souffrirais moins.
D'ailleurs j'ai pensé moi-même : je l'estime trop
peu pour souffrir.)

Dimanche 13.

J'ai montré à Isabelle les réponses du graphologue : elle n'a pas eu l'air convaincue, elle ne
croit pas à la graphologie. Pourtant, l'avidité affective qu'indique l'analyse, ça se recoupe avec
les reproches de Maurice, l'autre jour, lui ai-je
fait remarquer. Et je sais qu'en effet j'attends
beaucoup des gens; je leur demande peut-être
trop.
    — Evidemment. Comme tu vis beaucoup pour
les autres, tu vis aussi beaucoup par eux, m'a-

t-elle dit. Mais l'amour, l'amitié, c'est ça : une espèce de symbiose.

— Mais pour quelqu'un qui refuserait la symbiose, suis-je pesante?

— On pèse aux gens qui ne tiennent pas à
vous quand on tient à eux, c'est une affaire de situation, pas de caractère.

Je lui ai demandé de faire un effort, de me dire
comment elle me voyait, ce qu'elle pensait de
moi. Elle a souri :

— En vérité je ne te vois pas. Tu es mon amie,
tu es là.

Elle a soutenu que lorsque rien n'est en jeu,
on se plaît ou on ne se plaît pas avec les gens
mais on n'a pas d'idée sur eux. Elle se plaît avec
moi, c'est tout.

— Est-ce que, franchement, très franchement,
tu me trouves intelligente?

— Bien sûr. Sauf quand tu me poses cette
question. Si nous sommes idiotes toutes les deux,
chacune trouve l'autre intelligente : qu'est-ce que
ça prouve?

Elle m'a répété que dans cette affaire mes qualités et mes défauts n'étaient pas en question :
c'est la nouveauté qui attire Maurice; dix-huit
mois : c'est encore de la nouveauté.

Lundi 14.

L'affreuse descente au fond de la tristesse. Du
fait qu'on est triste, on n'a plus envie de faire aucune chose gaie. Jamais plus je ne mets de disque au réveil. Jamais plus je n'écoute de musique, je ne vais plus au cinéma, je ne m'achète
rien d'agréable. Je me suis levée en entendant
arriver Mme Dormoy. J'ai bu mon thé, avalé un

toast pour lui faire plaisir. Et je regarde cette
journée encore que je vais avoir à vivre. Et je me
dis...

On a sonné. Un livreur m'a mis dans les bras
un grand bouquet de lilas et de roses avec un
mot : « Bon anniversaire. Maurice. » Aussitôt la
porte refermée, j'ai fondu en larmes. Je me dé-
fends par de l'agitation, de noirs projets, de la
haine : et ces fleurs, ce rappel des douceurs perdues, irrémédiablement perdues, abattaient toutes mes défenses.

Vers une heure la clé a tourné dans la serrure
et il y a eu ce goût affreux dans ma bouche, le
goût de la peur. (Le même exactement que lorsque j'allais voir à la clinique mon père agoni-
sant.) Cette présence familière comme ma propre image, ma raison de vivre, ma joie, c'est
maintenant cet étranger, ce juge, cet ennemi :
mon cœur bat de frayeur quand il pousse la
porte. Il est venu vers moi très vite, il m'a souri
en me prenant dans ses bras :

— Bon anniversaire, mon chéri.

J'ai pleuré sur son épaule, avec douceur. Il
caressait mes cheveux :

— Ne pleure pas. Je ne veux pas que tu sois
malheureuse. Je tiens si fort à toi.

— Tu m'as dit que depuis huit ans tu ne m'aimais plus.

— Mais non. J'ai dit après que ce n'était pas
vrai. Je tiens à toi.

— Mais tu ne m'aimes plus d'amour?

— Il y a tellement d'espèces d'amour.

Nous nous sommes assis, nous avons parlé. Je
lui parlais comme à Isabelle ou à Marie Lambert,
avec confiance, amitié, détachement : comme s'il
ne s'était pas agi de notre propre histoire. C'était

un problème que nous discutions, impartiale-
ment, gratuitement, comme nous en avons discuté tant d'autres. Je me suis de nouveau étonnée
de son silence de huit années. Il m'a répété :

— Tu disais que tu mourrais de chagrin...

— Tu me le faisais dire : l'idée d'une infidé-
lité semblait tellement t'angoisser...

— Elle m'angoissait. C'est pour ça que je me
suis tu : pour que tout se passe comme si je ne te
trompais pas... C'était de la magie... Et aussi évidemment, j'avais honte...

J'ai dit que je souhaitais surtout comprendre
pourquoi cette année il m'avait parlé. Il a admis
que c'était en partie parce que ses rapports avec
Noëllie l'exigeaient, mais aussi, a-t-il dit, il pensait que j'avais droit à la vérité.

— Mais tu n'as pas dit la vérité.

— Par honte de t'avoir menti.

Il m'enveloppait de ce regard sombre et chaud
qui semble l'ouvrir à moi jusqu'au plus profond
de son cœur, tout entier livré, semblait-il, innocent et tendre, comme autrefois.

— Ton plus grand tort, lui ai-je dit, c'est de
m'avoir laissée m'endormir dans la confiance. Me
voilà, à quarante-quatre ans, les mains vides,
sans métier, sans autre intérêt que toi dans
l'existence. Si tu m'avais prévenue il y a huit ans,
je me serais fait une vie indépendante et j'accep-
terais plus facilement la situation.

— Mais Monique ! m'a-t-il dit d'un air stupéfait. J'ai énormément insisté, il y a sept ans, pour
que tu prennes ce secrétariat à la *Revue médi-
cale*. C'était dans tes cordes et tu pouvais arriver
à un poste intéressant : tu n'as pas voulu !

J'avais presque oublié cette proposition tellement elle m'avait semblé inopportune :

— Passer la journée loin de la maison et des

enfants, pour cent mille francs par mois, je n'en voyais pas l'intérêt, ai-je dit.

— C'est ce que tu m'as répondu. J'ai beaucoup insisté.

— Si tu m'avais dit tes vraies raisons, que je n'étais plus tout pour toi et que je devais moi aussi prendre mes distances, j'aurais accepté.

— Je t'ai de nouveau proposé de travailler, à Mougins. Tu as de nouveau refusé!

— A ce moment-là, ton amour me suffisait.

— Il est encore temps, a-t-il dit. Je te trouverai facilement une occupation.

— Tu crois que ça me consolerait? Il y a huit ans ça m'aurait semblé moins absurde; j'aurais eu plus de chances d'arriver à quelque chose. Mais maintenant!...

Nous avons beaucoup piétiné là-dessus. Je sens bien que ça soulagerait sa conscience s'il m'offrait quelque chose à faire. Je n'ai aucune envie de la soulager.

Je suis revenue sur notre conversation du 1ᵉʳ décembre : une date; me juge-t-il vraiment égoïste, impérieuse, envahissante?

— Même en colère, tu n'as pas inventé ça de toutes pièces?

Il a hésité, souri, expliqué. J'ai les défauts de mes qualités. Je suis présente, vigilante, c'est précieux, mais parfois, quand on est de mauvaise humeur, ça fatigue. Je suis si fidèle au passé que le moindre oubli paraît un crime, qu'on se sent coupable quand on change de goût ou d'avis. Soit. Mais a-t-il des rancunes contre moi? Il m'en a voulu il y a dix ans, je le sais bien, nous nous sommes assez disputés; mais c'est bien fini puisqu'il a fait ce qu'il désirait et qu'à la longue je lui ai donné raison. Et notre mariage, considèret-il que je lui ai forcé la main? Pas du tout; nous avons décidé ensemble...

— Tu m'as reproché l'autre jour de ne pas m'intéresser à ton travail?

— Je le regrette un peu, c'est vrai; mais je trouverais encore plus regrettable que tu te forces à t'y intéresser simplement pour me faire plaisir.

Sa voix était si encourageante que j'ai osé poser la question qui m'angoisse le plus :

— Tu m'en veux à cause de Colette et de Lucienne? Elles te déçoivent et tu m'en rends responsable?

— De quel droit est-ce que je serais déçu? et de quel droit t'en voudrais-je?

— Alors pourquoi m'as-tu parlé avec tant de haine?

— Ah! la situation n'est pas facile pour moi non plus. Je m'irrite contre moi-même et ça se retourne très injustement contre toi.

— Tout de même, tu ne m'aimes plus comme avant; tu tiens encore à moi, oui; mais ce n'est plus l'amour de nos vingt ans.

— Pour toi non plus ce n'est plus l'amour de nos vingt ans. A vingt ans, j'aimais l'amour en même temps que je t'aimais, toi. Tout ce côté exalté que j'avais alors, je l'ai perdu; c'est ça qui a changé.

C'était doux de parler avec lui, amicalement, comme autrefois. Les difficultés s'amenuisaient, les questions se dissipaient en fumée, les événements fondaient, le vrai et le faux se noyaient dans un chatoiement de nuances indistinctes. Rien au fond ne s'était passé. Je finissais par croire que Noëllie n'existait pas... Illusion, prestidigitation. En fait, ce bavardage n'a rien changé à rien. On a donné d'autres noms aux choses : elles

n'ont pas bougé. Je n'ai rien appris. Le passé
reste aussi obscur. L'avenir aussi incertain.

Mardi 15.

Hier soir, j'ai voulu reprendre la décevante
conversation de l'après-midi. Mais Maurice avait
du travail après le dîner, et quand il a eu fini, il
voulait se coucher.

— Nous avons assez parlé cet après-midi. Il
n'y a rien à ajouter. Je me lève tôt demain.

— Nous n'avons rien dit, en fait.

Il a pris un air résigné :

— Que veux-tu que je te dise de plus?

— Eh bien! il y a tout de même quelque chose
que je voudrais savoir : comment vois-tu notre
avenir?

Il s'est tu. Je l'avais mis au pied du mur.

— Je ne veux pas te perdre. Je ne veux pas
non plus renoncer à Noëllie. Pour le reste, je
nage...

— Elle s'arrange de cette double vie?

— Elle y est bien obligée.

— Oui; comme moi. Quand je pense que tu as
osé me dire au *Club 46*, qu'il n'y avait rien de
changé entre nous!

— Je n'ai pas dit ça.

— Nous dansions et tu m'as dit : il n'y a rien
de changé! Et je t'ai cru!

— C'est toi Monique qui m'as dit : l'essentiel,
c'est qu'il n'y a rien de changé entre nous. Je n'ai
pas dit le contraire, je me suis tu. C'était impossible juste à ce moment-là d'aller au fond des
choses.

— Tu l'as dit. Je me rappelle parfaitement.

— Tu avais beaucoup bu, tu sais; tu as reconstruit...

J'ai laissé tomber. Quelle importance? L'important c'est qu'il ne veut pas renoncer à Noëllie. Je le sais et je n'arrive pas à le croire. Je lui ai annoncé brusquement que j'avais décidé de ne pas aller aux sports d'hiver. J'y ai bien réfléchi et je suis contente d'avoir pris cette résolution. J'aimais tant la montagne avec lui, autrefois. La revoir dans ces conditions serait un supplice. Il me serait insupportable d'aller là-bas avec lui la première et de partir en vaincue, chassée par l'autre et lui cédant la place. Il ne me serait pas moins odieux de succéder à Noëllie, sachant que Maurice la regrette, qu'il compare sa silhouette et la mienne, ma tristesse à ses rires. J'accumulerais les maladresses et il n'en aurait que davantage envie de se débarrasser complètement de moi.

— Passe avec elle les dix jours que tu lui as promis, et reviens, lui ai-je dit.

C'est la première fois dans cette affaire que je prends une initiative et il a paru très déconcerté.

— Mais Monique, j'ai envie de t'emmener avec moi. Nous avons passé de si beaux jours dans la neige!

— Justement.

— Tu ne feras pas de ski cet hiver?

— Tu sais, les plaisirs du ski, à l'heure qu'il est, ça ne pèse pas lourd.

Il m'a raisonnée, il a insisté, il avait l'air désolé. Ma tristesse quotidienne, il en a l'habitude, mais me priver de ski ça lui fiche des remords. (Je suis injuste; il ne s'habitue pas; il sue la mauvaise conscience, il prend des somnifères pour dormir, il a une gueule de déterré. Je ne m'en émeus pas, et même je lui en voudrais plutôt. S'il me torture en connaissance de cause et en se tor-

turant lui-même, il faut qu'il tienne salement à
Noëllie.) Nous avons discuté longtemps. Je n'ai
pas cédé. A la fin il avait l'air si épuisé — les
traits tirés, des cernes sous les yeux — que je l'ai
envoyé se coucher. Il a sombré dans le sommeil
comme dans un havre de paix.

Mercredi 16.

Je regarde les gouttes d'eau glisser sur la vitre
que battait tout à l'heure la pluie. Elles ne tom-
bent pas verticalement; on dirait des animalcules
qui pour des raisons mystérieuses obliquent à
droite, à gauche, se faufilant entre d'autres gouttes immobiles, s'arrêtant, repartant comme si
elles cherchaient quelque chose. Il me semble
n'avoir plus rien à faire. J'avais toujours des choses à faire. Maintenant, tricoter, cuisiner, lire,
écouter un disque, tout me semble vain. L'amour
de Maurice donnait une importance à chaque moment de ma vie. Elle est creuse. Tout est creux :
les objets, les instants. Et moi.

J'ai demandé l'autre jour à Marie Lambert si
elle me trouvait intelligente. Son regard clair
s'est planté dans le mien.

— Vous êtes très intelligente...

J'ai dit :

— Il y a un *mais*...

— L'intelligence s'atrophie quand on ne la
nourrit pas. Vous devriez laisser votre mari vous
chercher du travail.

— Le genre de travail dont je suis capable ne
m'apportera rien.

— Ce n'est pas sûr du tout.

Le soir.

J'ai eu ce matin une illumination : tout est de ma faute. Mon erreur la plus grave a été de ne pas comprendre que *le temps passe.* Il passait et j'étais figée dans l'attitude de l'idéale épouse d'un mari idéal. Au lieu de ranimer notre vie sexuelle, je me fascinais sur les souvenirs de nos anciennes nuits. J'imaginais avoir gardé mon visage et mon corps de trente ans, au lieu de me soigner, de faire de la gymnastique, de fréquenter un institut de beauté. J'ai laissé mon intelligence s'atrophier; je ne me cultivais plus, je me disais : plus tard, quand les petites m'auront quittée. (Peut-être la mort de mon père n'est-elle pas étrangère à ce laisser-aller. Quelque chose s'est brisé. J'ai arrêté le temps à partir de ce moment-là.) Oui, la jeune étudiante que Maurice a épousée qui se passionnait pour les événements, les idées, les livres était bien différente de la femme d'aujourd'hui dont l'univers tient entre ces quatre murs. C'est vrai que j'avais tendance à y enfermer Maurice. Je croyais que son foyer lui suffisait, je croyais l'avoir tout à moi. Dans l'ensemble, je prenais tout pour accordé : ça a dû l'agacer lui qui change et qui met les choses en question. L'agacement, ça ne pardonne pas. Je n'aurais pas dû non plus m'entêter dans notre pacte de fidélité. Si j'avais rendu à Maurice sa liberté — et peut-être usé de la mienne — Noëllie n'aurait pas bénéficié des prestiges de la clandestinité. J'aurais tout de suite fait face. Est-il encore temps? J'ai dit à Marie Lambert que j'allais m'expliquer sur tout cela avec Maurice et prendre des mesures. Je me suis déjà un peu remise à lire, à écouter des disques : faire un plus sé-

rieux effort. Perdre quelques kilos, mieux m'habiller. Causer plus librement avec Maurice, refuser les silences. Elle m'a écoutée sans enthousias-
me. Elle voudrait savoir qui, de Maurice ou de
moi, a été responsable de ma première grossesse.
Tous les deux. Enfin moi dans la mesure où j'ai
trop fait confiance au calendrier, mais ce n'est
pas de ma faute s'il m'a trahie. Ai-je insisté pour
garder l'enfant? Non. Pour ne pas le garder?
Non. La décision s'est prise d'elle-même. Elle a
semblé sceptique. Son idée c'est que Maurice
nourrit à mon égard une sérieuse rancune. Je
lui ai opposé l'argument d'Isabelle : les débuts de
notre mariage n'auraient pas été si heureux s'il
ne l'avait pas désiré. Je trouve sa réponse bien
alambiquée : pour ne pas s'avouer ses regrets,
Maurice a misé sur l'amour, il a voulu le bonheur
avec frénésie; une fois celle-ci tombée, il a retrouvé
la rancune qu'il avait refoulée. Elle sent elle-
même que son explication est faible. Ses vieux
griefs n'auraient pas repris assez de virulence
pour l'éloigner de moi s'il n'en avait pas eu de
nouveaux. J'ai affirmé qu'il n'en avait aucun.
    A vrai dire, Marie Lambert m'irrite un peu. Ils
m'irritent tous parce qu'ils ont l'air de savoir des
choses que je ne sais pas. Soit que Maurice ou
Noëllie fassent circuler leur version des événements. Soit qu'ils aient l'expérience de ce genre
d'histoire et m'appliquent leurs schémas. Soit
qu'ils me voient du dehors, telle que je ne par-
viens pas à m'atteindre et que les choses en deviennent claires. On me ménage et je sens des réticences lorsque je leur parle. Marie Lambert
m'approuve d'avoir renoncé aux sports d'hiver :
mais dans la mesure où je m'évite des souffran-
ces; elle ne pense pas que les dispositions de
Maurice en seront changées.

J'ai dit à Maurice que je comprenais mes torts. Il m'a arrêtée; avec un de ces gestes excédés dont je commence à avoir l'habitude.

— Tu n'as rien à te reprocher. Ne revenons pas tout le temps sur le passé!

— Et qu'est-ce que j'ai d'autre?

Ce lourd silence.

Je n'ai rien d'autre que mon passé. Mais il n'est plus bonheur ni fierté : une énigme, une angoisse. Je voudrais lui arracher sa vérité. Mais peut-on se fier à sa mémoire? J'ai beaucoup oublié, et il semble que parfois même j'ai déformé les faits. (Qui a dit : « Il n'y a rien de changé »? Maurice ou moi? Sur ce journal j'ai écrit que c'était lui. Peut-être parce que je souhaitais le croire...) C'est un peu par hostilité que j'ai contredit Marie Lambert. De la rancune, j'en ai senti plus d'une fois chez Maurice. Il l'a niée, le jour de mon anniversaire. Mais il y a des mots, des accents qui retentissent encore en moi; je n'avais pas voulu y attacher d'importance et pourtant je m'en souviens. Quand Colette a décidé de faire ce mariage « idiot », il est clair que tout en s'irritant contre elle, indirectement il m'attaquait : son sentimentalisme, son besoin de sécurité, sa timidité, sa passivité, il m'en rendait responsable. Mais surtout le départ de Lucienne lui a porté un coup. « C'est pour t'échapper que Lucienne est partie. » Je sais qu'il le pense. Dans quelle mesure est-ce vrai? Est-ce qu'avec une mère différente — moins anxieuse, moins présente — Lucienne aurait supporté la vie de famille? Il me semblait pourtant que tout allait mieux entre nous, la dernière année, qu'elle était moins crispée : parce qu'elle allait partir? Je ne sais plus. Si j'ai manqué l'éducation de mes filles, toute ma vie n'est qu'un échec. Je ne peux pas le croire. Mais dès que le doute m'effleure, quel vertige!

Est-ce par pitié que Maurice reste avec moi? Alors je devrais lui dire de s'en aller. Le cœur me manque. S'il reste, peut-être Noëllie se découragera-t-elle, elle misera sur Vallin ou sur un autre. Ou il reprendra conscience de ce que nous avons été l'un pour l'autre.

Ce qui m'épuise, c'est l'alternance de sa gentillesse et de ses morosités. Je ne sais jamais qui ouvre la porte. Comme s'il avait horreur de m'avoir fait du mal, mais peur de m'avoir donné trop d'espoir. Faudrait-il me figer dans le désespoir? Alors il oublierait tout à fait qui j'ai été et pourquoi il m'a aimée.

Jeudi 17.

Marguerite a de nouveau fait une fugue et on n'arrive pas à remettre la main sur elle. Elle est partie avec une fille qui est une vraie truande. Elle va se prostituer, voler. C'est navrant. Mais je ne suis pas navrée. Rien ne me touche plus.

Vendredi 18.

De nouveau je les ai vus hier soir. Je rôdais autour de *L'An 2000* où ils vont souvent. Ils sont descendus du cabriolet de Noëllie; il lui a pris le bras, ils riaient. A la maison, même dans ses moments d'amabilité, il a toujours une tête sinistre; ses sourires sont forcés. « La situation n'est pas facile... » Près de moi, il ne l'oublie pas un instant. Avec elle, si. Il riait, détendu, insouciant.

J'ai eu envie de lui faire du mal, à elle. Je sais
que c'est femelle et injuste, elle ne me doit rien :
mais c'est ainsi.

Les gens sont lâches. J'ai demandé à Diana de
me faire rencontrer l'amie à qui Mme Vallin a
parlé de Noëllie. Elle a eu l'air gêné. L'amie n'est
plus tellement sûre de son fait. Vallin couche
avec une jeune avocate, très lancée. Mme Vallin
n'a pas dit son nom. On peut supposer que c'est
Noëllie qui a plaidé plusieurs fois pour la maison.
Mais c'est peut-être une autre... L'autre jour, Diana était catégorique. Ou c'est l'amie qui a craint
les histoires, ou c'est Diana qui a peur que je
n'en fasse. Elle m'a juré que non; elle ne demande
qu'à m'aider! Sans doute. Mais ils ont tous
leurs idées sur la meilleure manière de m'aider.

Dimanche 20.

Chaque fois que je vois Colette, je l'accable de
questions. Hier elle en avait les larmes aux yeux.
— Moi je n'ai jamais trouvé que tu nous couvais trop, ça me plaisait d'être couvée... Ce que
Lucienne pensait de toi la dernière année? Nous
n'étions pas très intimes, elle me jugeait aussi.
Elle nous trouvait trop sentimentales, elle jouait
les petites dures. D'ailleurs qu'importe ce qu'elle
pensait? Ce n'est pas un oracle.
Bien sûr, Colette ne s'est jamais sentie brimée
puisqu'elle se conformait spontanément à ce que
j'attendais d'elle. Et elle ne peut évidemment pas
penser qu'il est regrettable d'être ce qu'elle est.
Je lui ai demandé si elle ne s'ennuyait pas.
(Jean-Pierre est bien brave, mais pas très drôle.)
Non, elle serait plutôt débordée; c'est moins sim-

ple qu'elle ne croyait de tenir une maison. Elle
n'a plus le temps de lire ni d'écouter de la musique. « Essaie de le prendre », lui ai-je dit, « sinon
on finit par s'abêtir. » J'ai dit que je parlais en
connaissance de cause. Elle a ri : si je suis bête,
elle veut bien l'être aussi. Elle m'aime tendrement, ça au moins on ne me l'ôtera pas. Mais
l'ai-je écrasée ? Certainement je prévoyais pour
elle une tout autre existence : plus active, plus
riche. La mienne, à son âge, aux côtés de Maurice
l'était bien davantage. S'est-elle étiolée à vivre
dans mon ombre ?

Comme je voudrais me voir avec d'autres yeux
que les miens ! J'ai montré les trois lettres à une
amie de Colette qui fait un peu de graphologie.
L'écriture de Maurice surtout l'a intéressée. Elle
a dit du bien de moi ; beaucoup moins de Noëllie.
Mais les résultats étaient faussés parce que certainement elle a compris le sens de cette consul-
tation.

Dimanche soir.

J'ai eu un coup de surprise heureuse, tout à
l'heure, quand Maurice m'a dit : « Bien entendu
nous passerons ensemble les réveillons. » Il m'offre je pense une compensation pour ces sports
d'hiver auxquels j'ai renoncé. Peu importe la raison. J'ai décidé de ne pas bouder mon plaisir.

27 décembre - dimanche.

C'est plutôt le plaisir qui m'a boudée. J'espère
que Maurice ne s'en est pas aperçu. Il avait
retenu une table au *Club 46*. Somptueux souper,

excellentes attractions. Il a gaspillé son argent et
sa gentillesse. J'avais une jolie robe neuve, je sou-
riais mais j'étais dans un intolérable état d'angoisse. Tous ces couples... Bien habillées, parées,
coiffées, maquillées, les femmes riaient en mon-
trant leurs dents soignées par d'excellents den-
tistes. L'homme allumait leur cigarette, leur ver-
sait du champagne, ils échangeaient des regards
et de petits mots tendres. Les autres années, le
lien qui unissait chacune à *son* chacun, chacun
à *sa* chacune me semblait palpable. Je croyais
aux couples, parce que je croyais au nôtre. A présent je voyais des individus disposés au hasard
l'un en face de l'autre. De temps en temps, le
vieux mirage ressuscitait; Maurice me semblait
soudé à ma peau; il était mon mari, comme Colette ma fille, d'une manière irréversible; une relation qui peut s'oublier, se pervertir, mais jamais s'anéantir. Et puis de lui à moi, plus rien
ne passait : deux étrangers. J'avais envie de
crier : tout est faux, c'est de la comédie, c'est de
la parodie; boire ensemble du champagne, ce
n'est pas communier. En rentrant chez nous,
Maurice m'a embrassée :

— C'était une bonne soirée, n'est-ce pas?

Il avait l'air content et détendu. J'ai dit oui,
bien sûr. Le 31 décembre nous réveillonnons chez
Isabelle.

1ᵉʳ janvier.

Je ne devrais pas me réjouir de la bonne humeur de Maurice : la vraie raison, c'est qu'il va
partir dix jours avec Noëllie. Mais si au prix d'un
sacrifice je retrouve sa tendresse et sa gaieté,
alors que si souvent il est raide ou bougon, j'y

gagne. De nouveau nous étions un couple quand
nous sommes arrivés chez Isabelle. Plus ou
moins boiteux, plus ou moins rafistolés, mais
unis tout de même, des couples nous entouraient.
Isabelle et Charles, les Couturier, Colette et Jean-
Pierre, et d'autres. Il y avait d'excellents disques
de jazz, je me suis laissée aller à boire un peu
et pour la première fois depuis... combien de
temps? je me suis sentie gaie. La gaieté : une
transparence de l'air, une fluidité du temps, une
facilité à respirer; je n'en demandais pas plus.
Je ne sais plus comment j'en suis venue à parler
des Salines de Ledoux et à les décrire en détail.
Ils ont écouté, posé des questions mais je me
suis demandé soudain si je n'avais pas l'air
d'imiter Noëllie, de vouloir briller comme elle
et si Maurice, une fois de plus, ne me trouvait
pas dérisoire. Il paraissait un peu crispé. J'ai
pris Isabelle à part :

— J'ai trop parlé? J'ai fait un numéro ridicule?

— Mais non, a-t-elle protesté, c'était très intéressant ce que tu as dit!

Elle était navrée de me voir si inquiète. Parce
que j'avais tort de l'être? ou parce que j'avais
raison? Plus tard j'ai demandé à Maurice pourquoi il avait semblé agacé :

— Mais je ne l'étais pas!

— Tu dis ça comme si tu l'étais.

— Mais non.

C'est peut-être ma question qui l'agaçait. Je ne
sais plus. Désormais, toujours, partout, derrière
mes paroles et mes actes il y a un envers qui
m'échappe.

2 janvier.

Hier soir, nous avons dîné chez Colette. La
pauvre, elle s'était donné beaucoup de mal et rien
n'était réussi. Je la regardais avec les yeux de
Maurice. Son appartement manque de charme,
c'est certain. Même pour s'habiller, se meubler,
elle n'a guère d'initiative. Jean-Pierre est très
gentil, en adoration devant elle, un vrai cœur.
Mais on ne sait pas de quoi lui parler. Ils ne
sortent pas, ils ont peu d'amis. Une vie bien
terne, bien étriquée. De nouveau je me suis
demandé avec terreur : est-ce ma faute si la
brillante lycéenne de quinze ans est devenue
cette jeune femme éteinte? Métamorphose fré-
quente, j'en ai vu beaucoup de semblables : mais
peut-être était-ce chaque fois la faute des parents.
Maurice a été très gai, très amical pendant toute
la soirée et en sortant il n'a pas fait de commen-
taires. Je suppose qu'il n'en pensait pas moins.

J'ai trouvé bizarre que Maurice passe toute la
journée d'hier à la maison, et la soirée avec moi
chez Colette. Il m'est venu un soupçon et tout à
l'heure j'ai téléphoné chez Noëllie : si elle m'avait
répondu, j'aurais raccroché. J'ai eu sa secré-
taire :
— M⁰ Guérard ne rentrera à Paris que demain.
Faut-il que je sois encore naïve! Noëllie est
partie, alors je joue les bouche-trous. J'étouffe de
rage. J'ai envie de chasser Maurice, d'en finir une
bonne fois.

J'ai attaqué avec violence. Il m'a répondu que
Noëllie était partie parce qu'il avait décidé de
passer ces réveillons avec moi.

— Mais non! je me le rappelle maintenant : elle passe toujours les fêtes avec sa fille, chez son mari.

— Elle ne comptait y rester que quatre jours.

Il me regardait de cet air sincère qui lui coûte si peu.

— En tout cas, vous avez combiné ça ensemble!

— Evidemment je lui en ai parlé. Il a haussé les épaules : — Les femmes ne sont contentes que si ce qu'on leur donne a été arraché à l'autre par violence. Ce qui compte, ce n'est pas la chose en soi : c'est la victoire remportée.

Ils l'ont décidé ensemble. Et il est vrai que ça gâte tout le plaisir que m'ont donné ces journées. Si elle s'était rebiffée, il lui aurait sûrement cédé. Donc, je dépends d'elle, de ses caprices, de sa grandeur d'âme ou de sa mesquinerie : en fait, de ses intérêts. Ils partent demain soir pour Courchevel. Je me demande si ma décision n'a pas été aberrante. Il ne prend que quinze jours de vacances au lieu de trois semaines (ce qui est un sacrifice, m'at-il fait remarquer, étant donné sa passion pour le ski). Il reste donc cinq jours de plus qu'il ne pensait avec Noëllie. Et moi je perds dix jours de tête-à-tête avec lui. Elle aura tout son temps pour l'embobiner. Au retour il va me dire que tout est fini entre nous. J'ai achevé de me couler! Je me dis ça dans une espèce d'inertie. Je sens que de toute façon je suis foutue. Il me ménage, il a peut-être peur que je ne me liquide — ce qui est exclu, je ne veux pas mourir — mais son attachement à Noëllie ne diminue pas.

15 janvier.

Je devrais ouvrir une boîte de conserves. Ou me faire couler un bain. Mais alors je continue-

rais à tourner en rond dans mes pensées. Si
me faire couler un bain. Mais alors je continue-
rais à tourner en rond dans mes pensées. Si
j'écris, ça m'occupe, ça me permet de fuir. Combien d'heures sans manger? combien de jours
sans me laver? J'ai donné congé à la femme de
ménage, je me suis cloîtrée, on a sonné deux fois,
téléphoné souvent, je ne réponds jamais, sauf
à huit heures du soir, à Maurice. Il appelle tous
les jours, ponctuellement, d'une voix anxieuse :

— Qu'est-ce que tu as fait aujourd'hui?

Je réponds que j'ai vu Isabelle, Diana ou
Colette, que j'ai été au concert, au cinéma.

— Et ce soir, que fais-tu?

Je dis que je vais voir Diana ou Isabelle, que
j'irai au théâtre. Il insiste :

— Tu vas bien? tu dors bien?

Je le rassure, et je demande comment est la
neige : pas fameuse; et le temps n'est pas brillant non plus. Il y a de la morosité dans sa voix,
comme s'il s'acquittait, à Courchevel, d'une cor-
vée assez assommante. Et je sais qu'aussitôt
qu'il a raccroché, il arrive en riant dans le bar
où Noëllie l'attend et qu'ils boivent des dry tout
en commentant avec animation les incidents de
la journée.

C'est ce que j'ai choisi, n'est-ce pas?

J'ai choisi de me terrer dans mon caveau; je ne
connais plus le jour ni la nuit; quand je vais
trop mal, quand ça devient intolérable, j'avale de
l'alcool, des tranquillisants ou des somnifères.
Quand ça va un peu mieux, je prends des excitants et je me jette dans un roman policier :
j'en ai fait une provision. Quand le silence m'é-
touffe, j'ouvre la radio et m'arrivent d'une planète lointaine des voix que je comprends à
peine : ce monde a son temps, ses heures, ses

lois, son langage, des soucis, des divertissements
qui me sont radicalement étrangers. A quel degré
de laisser-aller on peut atteindre, quand on est
entièrement seul, séquestré! La chambre pue le
tabac froid et l'alcool, il y a des cendres partout,
je suis sale, les draps sont sales, le ciel est sale
derrière les vitres sales, cette saleté est une
coquille qui me protège, je n'en sortirai plus
jamais. Il serait facile de glisser un peu plus
loin dans le néant, jusqu'au point de non-retour.
J'ai ce qu'il faut dans mon tiroir. Mais je ne veux
pas, je ne veux pas! J'ai quarante-quatre ans,
c'est trop tôt pour mourir, c'est injuste! Je ne
peux plus vivre. Je ne veux pas mourir.

Pendant deux semaines je n'ai rien écrit sur
ce cahier parce que je me suis relue. Et j'ai vu
que les mots ne disent rien. Les rages, les cau-
chemars, l'horreur, ça échappe aux mots. Je mets
des choses sur le papier quand je reprends des
forces, dans le désespoir ou l'espoir. Mais la
déconfiture, l'abrutissement, la décomposition,
ce n'est pas marqué sur ces pages. Et puis elles
mentent tant, elles se trompent tant. Comme j'ai
été manœuvrée! Doucement, doucement Maurice
m'a amenée à lui dire : « Choisis! » afin de me
répondre : « Je ne renoncerai pas à Noëllie... »
Oh! je ne vais pas me remettre à commenter
cette histoire. Il n'y a pas une ligne de ce journal
qui n'appelle une correction ou un démenti. Par
exemple, si j'ai commencé à le tenir, dans les
Salines, ce n'est pas à cause d'une jeunesse
soudain retrouvée ni pour peupler ma solitude,
mais pour conjurer une certaine anxiété qui ne
s'avouait pas. Elle était cachée au fond du silence
et de la chaleur de cet inquiétant après-midi,
liée aux morosités de Maurice, et à son départ.
Oui, tout au long de ces pages je pensais ce que

j'écrivais et je pensais le contraire; et en les relisant je me sens complètement perdue. Il y a des phrases qui me font rougir de honte... « J'ai toujours voulu la vérité, si je l'ai obtenue, c'est que je la voulais. » Peut-on se gourer à ce point-là sur sa vie ! Est-ce que tout le monde est aussi aveugle ou suis-je une gourde parmi les gourdes? Pas seulement une gourde. Je me mentais. Comme je me suis menti ! Je me racontais que Noëllie ne comptait pas, que Maurice me préférait, et je savais parfaitement que c'était faux. J'ai repris mon stylo non pour revenir en arrière mais parce que le vide était si immense en moi, autour de moi, qu'il fallait ce geste de ma main pour m'assurer que j'étais encore vivante.

Quelquefois je me mets à cette fenêtre d'où je l'ai vu partir, un samedi matin, il y a une éternité. Je me disais : « Il ne reviendra pas. » Mais je n'en étais pas sûre. C'était l'intuition fulgurante de ce qui arriverait plus tard, de ce qui est arrivé. Il n'est pas revenu. Pas lui : et un jour, il n'y aura même plus son simulacre à mes côtés. L'auto est là, rangée contre le trottoir, il l'a laissée. Elle signifiait sa présence et sa vue me réchauffait. Elle n'indique que son absence. Il est parti. Il sera parti pour toujours. Je ne vivrai pas sans lui. Mais je ne veux pas me tuer. Alors?

Pourquoi? Je me cogne la tête aux murs de cette impasse. Je n'ai pas aimé pendant vingt ans un salaud! Je ne suis pas, sans le savoir, une imbécile ou une mégère! C'était réel cet amour entre nous, c'était solide : aussi indestructible que la vérité. Seulement il y avait ce temps qui passait et moi je ne le savais pas. Le fleuve du temps, les érosions dues aux eaux des fleuves : voilà, il y a eu érosion de son amour par les eaux du temps. Mais alors pourquoi pas du mien?

J'ai sorti du placard les boîtes où nous gardons nos vieilles lettres. Toutes les phrases de Maurice que je sais par cœur ont au moins dix ans d'âge. C'est comme pour les souvenirs. Il faut donc croire que l'amour passionné entre nous — du moins de lui à moi — n'a duré que dix ans, dont le souvenir s'est répercuté pendant les dix autres années, donnant aux choses un retentissement qu'elles n'avaient pas vraiment. Cependant il avait les mêmes sourires, les mêmes regards pendant ces dernières années. (Oh! si seulement je retrouvais ces regards et ces sourires!) Les lettres plus récentes sont amusantes et tendres, mais destinées à ses filles presque autant qu'à moi. De temps en temps, une phrase vraiment chaleureuse contraste avec le ton ordinaire : mais elles ont quelque chose de contraint. Mes lettres, les larmes m'ont aveuglée quand j'ai voulu les relire.

Je les ai relues, et il m'en reste un sentiment de malaise. Au début, elles sont accordées à celles de Maurice, ardentes et joyeuses. Plus tard, elles rendent un drôle de son, vaguement geignard, presque récriminant. J'affirme avec trop d'exaltation que nous nous aimons comme au premier jour, j'exige qu'il m'en assure, je pose des questions qui dictent des réponses : comment ai-je pu m'en satisfaire, sachant que je les lui avais arrachées? mais je ne m'en rendais pas compte, j'oubliais. J'ai oublié beaucoup de choses. Qu'est-ce que cette lettre qu'il m'a envoyée et que je lui dis avoir brûlée après notre coup de téléphone? Je ne m'en souviens que vaguement; j'étais à Mougins avec les enfants, il achevait de préparer un examen, je lui ai reproché de ne pas

m'écrire assez, il m'a répondu durement. Très
durement. J'ai bondi sur le téléphone, bouleversée; il s'est excusé, il m'a suppliée de brûler sa
lettre. Y a-t-il d'autres épisodes que j'ai enterrés?
Je m'imaginais avoir toujours été de bonne foi.
C'est horrible de penser que ma propre histoire
n'est plus derrière moi que ténèbres.

Surlendemain.

Pauvre Colette! J'avais pris soin de lui téléphoner deux fois, d'une voix gaie, pour qu'elle
ne s'inquiète pas. Mais ça l'a tout de même étonnée que je n'aille pas la voir, que je ne lui
demande pas de venir. Elle a sonné et tambouriné avec tant de violence que je lui ai ouvert.
Elle a eu un air si stupéfait que je me suis
vue dans ses yeux. J'ai vu l'appartement, et j'ai
été stupéfaite aussi. Elle m'a forcée à faire ma
toilette et une valise, et à venir m'installer chez
elle. La femme de ménage remettra tout en état.
Dès que Jean-Pierre est parti, je m'accroche à
Colette, je l'accable de questions. Nous disputions-nous beaucoup, son père et moi? Pendant
une certaine période, oui, ça l'a effrayée justement parce que jusque-là nous nous entendions
si bien. Mais ensuite il n'y a plus jamais eu de
scène, du moins devant elle.

— Tout de même, ce n'était plus comme
avant?

Elle dit qu'elle était trop jeune pour bien se
rendre compte. Elle ne m'aide pas. Elle pourrait
me donner la clé de cette histoire si elle faisait
un effort. Il me semble sentir des réticences dans
sa voix : comme si elle aussi elle avait des idées
derrière la tête. Lesquelles? Etais-je devenue

moche? Vraiment trop moche? En ce moment je
le suis, oui : décharnée, des cheveux morts, le
teint brouillé. Mais il y a huit ans? Ça je n'ose
pas lui demander. Ou suis-je sotte? ou du moins
pas assez brillante pour Maurice? Terribles questions quand on n'a pas l'habitude de s'interroger
sur soi.

19 janvier.

Faut-il le croire? Serais-je récompensée de cet
effort pour laisser Maurice libre, ne pas m'accro-
cher? Pour la première fois depuis des semaines
j'ai dormi sans cauchemar cette nuit et quelque
chose s'est dénoué dans ma gorge. L'espoir. Fra-
gile encore, mais il est là. J'ai été chez le coiffeur, à l'institut de beauté, j'étais bien arrangée,
la maison astiquée, j'avais même acheté des
fleurs quand Maurice est rentré. Pourtant son
premier mot a été :
— Quelle mine tu as!
C'est vrai que j'ai maigri de quatre kilos. J'a-
vais fait jurer à Colette de ne pas lui dire dans
quel état elle m'avait trouvée, mais je suis presque sûre qu'elle lui a parlé. Enfin! elle n'a peut-
être pas eu tort. Il m'a prise dans ses bras.
— Mon pauvre chéri!
— Mais ça va très bien, lui ai-je dit.
(J'avais pris du Librium, je voulais être détendue.) Et à ma stupeur c'est dans ses yeux que
j'ai vu des larmes.
— Je me suis conduit comme un salaud!
J'ai dit :
— Ce n'est pas salaud d'aimer une autre
femme. Tu n'y peux rien.
Il a dit avec un haussement d'épaules :

— Est-ce que je l'aime?

Je me nourris de cette phrase depuis deux jours. Ils ont passé deux semaines ensemble, dans le loisir et la beauté de la montagne, et il revient en disant : « Est-ce que je l'aime? » C'est une partie que je n'aurais pas osé jouer de sang-froid; mais mon désespoir m'a servie. Ce long tête-à-tête a commencé d'user sa passion. Il a répété : « Je ne voulais pas ça! Je ne voulais pas te rendre malheureuse. » Ça, c'est un cliché qui me touche peu. S'il n'avait eu qu'un élan de pitié, je n'aurais pas repris espoir. Mais il a demandé, tout haut devant moi : « Est-ce que je l'aime? » Et je me dis que c'est peut-être l'amorce de la décristallisation qui va le détacher de Noëllie et me le rendre.

23 janvier.

Il a passé toutes les soirées à la maison. Il a acheté de nouveaux disques et nous les avons écoutés. Il m'a promis qu'à la fin de février nous ferions un petit voyage dans le Midi.

Les gens sympathisent plus volontiers avec le malheur qu'avec le bonheur. J'ai dit à Marie Lambert qu'à Courchevel Noëllie s'était démasquée et que Maurice était sans doute en train de me revenir définitivement. Elle a dit du bout des lèvres :

— Si c'est définitif, tant mieux.

Finalement elle ne m'a donné aucun conseil valable. Je suis sûre qu'ils parlent de moi dans mon dos. Ils ont leurs petites idées sur mon histoire. Ils ne me les confient pas. J'ai dit à Isabelle :

— Tu as eu raison de m'empêcher de créer

de l'irréparable. Au fond Maurice n'a jamais cessé de m'aimer.

— Je suppose, m'a-t-elle répondu d'un ton plutôt dubitatif.

J'ai vivement réagi :

— Tu supposes? tu penses qu'il ne m'aime plus? Tu m'affirmais toujours le contraire...

— Je ne pense rien de précis. J'ai l'impression qu'il ne sait pas lui-même ce qu'il veut.

— Quoi? tu as appris quelque chose de nouveau?

— Absolument pas.

Qu'aurait-elle appris, je ne vois pas. Simplement elle a l'esprit de contradiction : elle me réconfortait quand je doutais; elle émet des doutes quand la confiance me revient.

24 janvier.

J'aurais dû raccrocher, dire : « Il n'est pas ici »; ou même ne rien répondre du tout. Quel culot! Et ce visage bouleversé de Maurice! Lui parler avec fermeté tout à l'heure, quand il rentrera. Il regardait les journaux à côté de moi quand on a téléphoné : Noëllie. C'est la première fois : une fois de trop. Très polie :

— Je voudrais parler à Maurice.

Stupidement je lui ai passé l'écouteur. Il parlait à peine, il avait l'air terriblement embêté. Il a répété plusieurs fois : « Non, c'est impossible. » Et il a fini par dire : « Bon. Je vais venir. » Dès qu'il a eu raccroché j'ai crié :

— Tu n'iras pas! Oser te relancer ici!

— Ecoute. Nous nous étions violemment disputés. Elle est désespérée parce que je ne lui ai pas donné signe de vie.

— Moi aussi j'ai été désespérée souvent et je ne t'ai jamais appelé chez Noëllie.

— Je t'en supplie, ne me rends pas les choses trop difficiles! Noëllie est capable de se descendre.

— Allons donc!

— Tu ne la connais pas.

Il marchait de long en large, il a donné un coup de pied dans un fauteuil et j'ai compris que, de toute façon, il irait là-bas. Pendant des jours nous nous étions si bien entendus que de nouveau j'ai été lâche. J'ai dit : « Vas-y. » Mais dès son retour je lui parlerai. Pas de scène. Mais je ne veux pas être traitée comme un paillasson.

25 janvier.

Je suis brisée. Il m'a téléphoné pour me dire qu'il passait la nuit chez Noëllie, qu'il ne *pouvait* pas la quitter dans l'état où elle était. J'ai protesté, il a raccroché, j'ai appelé à mon tour, j'ai laissé sonner longtemps, et alors ils ont décroché. J'ai failli sauter dans un taxi et aller carillonner chez Noëllie. Je n'ai pas osé affronter le visage de Maurice. Je suis sortie, j'ai marché dans le froid de la nuit, sans rien voir, sans m'arrêter, jusqu'à épuisement. Un taxi m'a ramenée et je me suis écroulée tout habillée sur le divan du living-room. Maurice m'a réveillée :

— Pourquoi ne t'es-tu pas couchée?

Il y avait du blâme dans sa voix. Affreuse scène. J'ai dit qu'il n'avait passé ses journées avec moi que parce qu'il était brouillé avec Noëllie, au premier claquement de doigt, il accourait, moi, je pouvais bien crever de chagrin.

— Tu es injuste! m'a-t-il dit avec indignation. Si tu veux savoir, c'est à cause de toi que nous nous sommes disputés.

— Moi?

— Elle voulait que je prolonge notre séjour à la montagne.

— Dis plutôt qu'elle voudrait que tu en finisses avec moi!

J'ai pleuré, pleuré...

— Tu sais bien que tu finiras pas me quitter.

— Non.

30 janvier.

Que se passe-t-il? Que savent-ils? Ils ne sont plus les mêmes avec moi. Isabelle avant-hier... J'ai été agressive avec elle. Je lui ai reproché de m'avoir donné de mauvais conseils. Depuis le premier jour j'ai tout accordé, tout encaissé; résultat : Maurice et Noëllie me traitent comme un paillasson. Elle s'est un peu défendue : elle ne savait pas au début qu'il s'agissait d'une liaison déjà ancienne. J'ai dit :

— Et tu ne voulais pas admettre que Maurice est un salaud.

Elle a protesté :

— Non. Maurice n'est pas un salaud! C'est un homme coincé entre deux femmes : aucun n'est brillant dans ces cas-là.

— Il n'aurait pas dû se mettre dans cette situation.

— Ça arrive à des types très bien.

Elle est indulgente pour Maurice parce qu'elle a accepté beaucoup de choses de Charles. Mais entre eux, c'était une tout autre histoire.

— Je ne crois plus que Maurice soit un type

bien, ai-je dit. Je découvre en lui des petitesses.
Je l'ai blessé dans sa vanité en ne m'émerveillant
pas de ses succès.

— Là tu es injuste, m'a-t-elle dit avec une
espèce de sévérité. Si un homme aime à parler
de son travail, ce n'est pas de la vanité. J'ai
toujours été surprise que tu te soucies si peu de
celui de Maurice.

— Je n'ai rien à lui en dire d'intéressant.

— Non. Mais il aurait sûrement aimé te mettre au courant de ses difficultés, de ses découver-
tes.

Un soupçon m'est venu :

— Tu l'as vu? il t'a parlé? il t'a circonvenue?

— Tu rêves!

— Je m'étonne que tu prennes son parti. Si
c'est un type bien, alors c'est moi qui ai tous les
torts.

— Mais non; des gens peuvent ne pas s'entendre sans qu'aucun des deux ne soit fautif.

Elle me parlait sur un autre ton, avant. Quels
mots ont-ils sur le bout de la langue, qu'ils ne
me disent pas?

Je suis rentrée découragée. Quelle retombée!
Pratiquement il passe tout son temps avec Noëllie. Pendant les rares moments qu'il m'accorde, il
évite les tête-à-tête : il m'emmène au restaurant
ou au théâtre. Il a raison; c'est moins pénible que
de nous retrouver dans ce qui a été notre foyer.

Colette et Jean-Pierre sont vraiment gentils.
Ils s'occupent beaucoup de moi. Ils m'ont emme-
née dîner dans un gentil bistrot de Saint-Germain-des-Prés où on passait d'excellents disques;
on a joué un blues que j'ai souvent écouté avec
Maurice et j'ai réalisé que c'était tout mon passé,
toute ma vie qui allaient m'être ôtés, que déjà

j'avais perdus. Brusquement, je me suis évanouie, après avoir, paraît-il, poussé un petit cri. J'ai repris conscience presque aussitôt. Mais Colette a été saisie. Elle s'est mise en colère :

— Je ne veux pas que tu te ravages comme ça. Etant donné la manière dont papa se conduit avec toi, tu devrais l'envoyer bondir. Qu'il aille vivre avec cette bonne femme, tu seras bien plus tranquille.

Elle ne m'aurait pas donné ce conseil il y a seulement un mois.

Le fait est que si j'étais belle joueuse je dirais à Maurice de partir. Mais ma dernière chance c'est que Noëllie de son côté s'énerve, fasse des scènes, se montre sous un mauvais jour. Et aussi que ma bonne volonté touche Maurice. Et puis même si sa présence est rare, ici ça reste tout de même sa maison. Je ne vis pas dans un désert. Faiblesse, lâcheté; mais je n'ai pas de raison de me maltraiter, j'essaie de survivre.

Je regarde ma statuette égyptienne : elle s'est très bien recollée. Nous l'avions achetée ensemble. Elle était toute pénétrée de tendresse, du bleu du ciel. Elle est là, nue, désolée. Je la prends dans mes mains et je pleure. Je ne peux plus mettre le collier que Maurice m'avait offert pour mon quarantième anniversaire. Tous les objets, tous les meubles autour de moi ont été décapés par un acide. Il n'en demeure qu'une espèce de squelette, navrant.

31 janvier.

Je perds les pédales. Je tombe plus bas, toujours plus bas. Maurice est gentil, prévenant. Mais il cache mal sa joie d'avoir retrouvé Noëllie.

Il ne dirait plus : « Est-ce que je l'aime? » Hier, je dînais avec Isabelle et je me suis effondrée sur son épaule en sanglotant. Heureusement c'était dans un bar assez sombre. Elle dit que j'abuse des excitants et des tranquillisants, que je me détraque. (C'est vrai que je me détraque. J'ai recommencé à saigner ce matin, quinze jours plus tôt que je ne l'aurais dû.) Marie Lambert me conseille de voir un psychiatre : pas une psychanalyse, mais un traitement de secours. Mais qu'est-ce qu'il pourra pour moi?

2 février.

Autrefois, j'avais du caractère, j'aurais mis Diana à la porte; mais je ne suis plus qu'une chiffe. Comment ai-je pu la fréquenter? elle m'amusait, et en ce temps-là rien ne tirait à conséquence.

— Oh! comme vous avez maigri! comme vous avez l'air fatigué!

Elle venait par curiosité, par méchanceté, je l'ai senti tout de suite. Il n'aurait pas fallu la recevoir. Elle s'est mise à babiller, je n'écoutais pas. Brusquement elle a attaqué :

— Ça me fait trop de peine de vous voir dans cet état-là. Réagissez, changez-vous les idées; partez en voyage par exemple. Sinon vous allez faire une dépression nerveuse.

— Je vais très bien.

— Allons! allons! vous vous rongez les sangs. Croyez-moi, il vient un moment où il faut savoir décrocher.

Elle a fait semblant d'hésiter :

— Personne n'ose vous dire la vérité; moi je trouve que souvent à trop vouloir ménager les

234 La femme rompue

gens on ne leur fait que du mal. Il faut que vous
vous convainquiez que Maurice aime Noëllie :
c'est très sérieux.

— C'est Noëllie qui vous a dit ça?

— Pas seulement Noëllie. Des amis qui les ont
beaucoup vus, à Courchevel. Ils avaient l'air tout
à fait décidés à faire leur vie ensemble.

J'ai essayé de prendre un air désinvolte :

— Maurice ment à Noëllie autant qu'à moi.

Diana m'a regardée avec commisération.

— En tout cas je vous aurai prévenue. Noëllie
n'est pas le genre de fille à se laisser mener en
bateau. Si Maurice ne lui donne pas ce qu'elle
veut, elle le lâchera. Et évidemment il le sait.
Ça m'étonnerait qu'il n'agisse pas en conséquence.

Elle est partie presque tout de suite. Je l'entends d'ici. « Cette pauvre Monique! La tête
qu'elle a! Elle se fait encore des illusions. » La
garce. Evidemment il aime Noëllie, il ne me
torturerait pas pour rien.

3 février.

Je ne devrais pas poser de questions. Ce sont
des perches que je lui tends et il a vite fait de
s'en saisir. J'ai demandé à Maurice :

— C'est vrai ce que raconte Noëllie, que tu es
décidé à vivre avec elle?

— Elle ne raconte sûrement pas ça parce que
ce n'est pas vrai.

Il a hésité.

— Ce dont j'aurais envie — je ne lui en ai pas
parlé, c'est toi que ça concerne — c'est de vivre
seul pendant quelque temps. Il y a une tension
entre nous qui disparaîtrait si nous cessions —
oh! provisoirement — d'habiter ensemble.

— Tu veux me quitter?

— Mais non. Nous nous verrions tout autant.

— Je ne veux pas!

J'ai crié. Il m'a prise aux épaules.

— Arrête! arrête! m'a-t-il dit avec douceur. C'était une idée en l'air. Si elle t'est tellement pénible, j'y renonce.

Noëllie veut qu'il me quitte, elle insiste, elle fait des scènes : j'en suis sûre. C'est elle qui le pousse. Je ne céderai pas.

6 février, puis sans date.

Quel courage inutile, pour les plus simples choses, quand le goût de vivre est perdu! Le soir, je prépare la théière, la tasse, la casserole, je dispose chaque chose à sa place pour que, le matin, la vie reprenne avec le moins d'effort possible. Et c'est quand même presque insurmontable de sortir de mes draps, de réveiller la journée. Je fais venir la femme de ménage l'après-midi pour pouvoir rester au lit autant que je veux le matin. Il m'arrive de me lever juste quand Maurice rentre à une heure pour déjeuner. Ou s'il ne rentre pas, juste quand Mme Dormoy fait tourner la clé dans la serrure. Maurice fronce le sourcil quand je l'accueille à une heure en peignoir, décoiffée. Il pense que je lui joue la comédie du désespoir. Ou que du moins je ne fais pas l'effort nécessaire pour « vivre correctement » la situation. Lui aussi il me serine :

— Tu devrais voir un psychiatre.

Je continue à saigner. Si ma vie pouvait s'échapper de moi sans que j'aie le moindre effort à faire pour ça!

Il doit y avoir une vérité. Je devrais prendre
l'avion pour New York et aller demander à
Lucienne la vérité. Elle ne m'aime pas : elle me
le dira. Alors j'effacerais tout ce qui est mal,
tout ce qui me nuit, je remettrais les choses en
place entre Maurice et moi.

Hier soir quand Maurice est rentré, j'étais
assise dans le living-room, dans le noir, en robe
de chambre. C'était dimanche, je me suis levée
au milieu de l'après-midi; j'ai mangé du jambon
et bu du cognac. Et puis je suis restée assise, à
suivre des pensées qui tournaient en rond dans
ma tête. Avant son arrivée, j'ai pris des tranquillisants, et je suis revenue m'asseoir dans le fauteuil, sans même avoir l'idée d'allumer.

— Qu'est-ce que tu fais? Pourquoi n'allumes-
tu pas?

— Pour quoi faire?

Il m'a grondée, affectueusement mais sur un
fond d'irritation. Pourquoi est-ce que je ne vois
pas mes amis? Pourquoi n'ai-je pas été au
cinéma? Il m'a cité cinq films à voir. C'est impossible. Il y a eu un temps où je pouvais aller au
cinéma, même au théâtre, toute seule. C'est que
je n'étais pas seule. Il y avait sa présence en
moi et tout autour de moi. Maintenant, quand je
suis seule, je me dis : « Je suis seule. » Et j'ai
peur.

— Tu ne peux pas continuer comme ça, m'a-
t-il dit.

— Continuer quoi?

— A ne pas manger, ne pas t'habiller, te terrer
dans cet appartement.

— Pourquoi pas?

— Tu deviendras malade. Ou cinglée. Moi je
ne peux pas t'aider puisque c'est moi qui suis en

cause. Mais je t'en supplie, vois un psychiatre.

J'ai dit non. Il a insisté, insisté. A la fin il s'est impatienté.

— Comment veux-tu t'en sortir? tu ne fais rien pour ça.

— Me sortir de quoi?

— De ce marasme. On dirait que tu fais exprès de t'enfoncer.

Il s'est enfermé dans son bureau. Il pense que je lui fais une espèce de chantage au malheur, pour l'effrayer et éviter qu'il ne me quitte. Il a peut-être raison. Est-ce que je sais qui je suis? Peut-être une espèce de sangsue qui se nourrit de la vie des autres : celle de Maurice, de nos filles, de tous ces pauvres « chiens mouillés » à qui je prétendais venir en aide. Une égoïste qui refuse de lâcher prise; je bois, je me laisse aller, je me rends malade dans l'intention inavouée de l'attendrir. Tout entière truquée, pourrie jusqu'à l'os, jouant des comédies, exploitant sa pitié. Je devrais lui dire de vivre avec Noëllie, d'être heureux sans moi. Je n'y arrive pas.

L'autre nuit, en rêve, j'avais une robe bleu ciel et le ciel était bleu.

Ces sourires, ces regards, ces mots, ils ne peuvent pas avoir disparu. Ils flottent dans l'appartement. Les mots souvent je les entends. Une voix dit à mon oreille, très distinctement : « Ma petite, ma chérie, mon chéri... » Les regards, les sourires, il faudrait les attraper au vol, les poser par surprise sur le visage de Maurice, et alors tout serait comme avant.

Je continue à saigner. J'ai peur.

« Quand on est si bas, on ne peut plus que
remonter », dit Marie Lambert. Quelle stupidité!
On peut toujours descendre plus bas, et plus
encore, et encore plus bas. C'est sans fond. Elle
dit ça pour se débarrasser de moi. Elle en a
marre de moi. Ils en ont tous marre. Les tragé-
dies, ça va un moment, on s'intéresse, on est
curieux, on se sent bon. Et puis ça se répète, ça
piétine, ça devient assommant; c'est tellement
assommant, même pour moi. Isabelle, Diana,
Colette, Marie Lambert, elles en ont leur claque;
et Maurice...

Un homme avait perdu son ombre. Je ne sais
plus ce qui lui arrivait, mais c'était terrible. Moi
j'ai perdu mon image. Je ne la regardais pas
souvent; mais, à l'arrière-plan elle était là, telle
que Maurice l'avait peinte pour moi. Une femme
directe, vraie, « authentique », sans mesquinerie
ni compromission mais compréhensive, indulgente, sensible, profonde, attentive aux choses et
aux gens, passionnément donnée aux êtres
qu'elle aime et créant pour eux du bonheur.
Une belle vie, sereine et pleine, « harmonieuse ».
Il fait noir, je ne me vois plus. Et que voient les
autres? Peut-être quelque chose de hideux.

Il y a des conciliabules, derrière mon dos. Entre Colette et son père, Isabelle et Marie Lambert, Isabelle et Maurice.

20 février.

J'ai fini par leur céder. J'avais peur de mon
sang qui fuyait. Peur du silence. J'avais pris l'habitude de téléphoner à Isabelle trois fois par
jour, à Colette au milieu de la nuit. Alors main-

tenant je paie quelqu'un pour m'écouter, c'est tordant.

Il a insisté pour que je reprenne ce journal. Je comprends bien son truc : il essaie de me rendre de l'intérêt pour moi-même, de me restituer mon identité. Mais pour moi il n'y a que Maurice qui compte. Moi, qu'est-ce que c'est? Je ne m'en suis jamais beaucoup souciée. J'étais garantie puisqu'il m'aimait. S'il ne m'aime plus... Seul le passage me préoccupe : pourquoi ai-je mérité qu'il ne m'aime plus? Ou ne l'ai-je pas mérité, est-ce un salaud, et est-ce qu'il ne faudrait pas le châtier et sa complice avec lui? Le docteur Marquet prend les choses par l'autre bout : mon père, ma mère, la mort de mon père; il veut me faire parler de moi qui n'ai envie de lui parler que de Maurice et de Noëllie. Je lui ai tout de même demandé s'il me trouvait intelligente. Oui, certainement, mais l'intelligence, ce n'est pas une faculté séparée; quand je tourne en rond dans des obsessions, mon intelligence n'est plus disponible.

Maurice me traite avec ce mélange de délicatesse et de sourde irritation qu'on a à l'égard des malades. Il est patient, patient jusqu'à me donner envie de hurler, ce que je fais quelquefois. Devenir folle : ça serait une bonne manière de me défiler. Mais Marquet m'assure que ça ne me menace pas, je suis solidement structurée. Même avec l'alcool et les drogues, je ne me suis jamais égarée bien loin. C'est une issue qui m'est fermée.

23 février.

L'hémorragie s'est arrêtée. Et j'arrive à manger un peu. Mme Dormoy rayonnait, hier, parce

que j'avais avalé tout son soufflé au fromage.
Elle me touche. Pendant ce long cauchemar dont
j'émerge à peine, personne n'a été plus secou-
rable qu'elle. Chaque soir je trouvais sous mon
oreiller une chemise de nuit bien fraîche. Alors
quelquefois, au lieu de me coucher tout habillée,
je mettais la chemise qui m'obligeait par sa
blancheur à faire ma toilette. Elle me disait,
l'après-midi : « Je vous ai préparé un bain »
et je le prenais. Elle inventait des plats appétis-
sants. Sans jamais un commentaire ni une question. Et j'avais honte, j'avais honte de mon laisser-aller alors que je suis riche et qu'elle n'a rien.

« Collaborez », demande le docteur Marquet.
Je veux bien. Je veux bien essayer de me retrouver. Je me suis plantée devant la glace : que je
suis laide ! que mon corps est disgracieux ! depuis
quand ? Sur mes photos d'il y a deux ans, je me
trouve plaisante. Sur celles de l'an dernier je n'ai
pas l'air si mal, mais ce sont des photos d'ama-
teur. Est-ce le malheur de ces cinq mois qui m'a
changée ? Ou ai-je commencé à dégringoler depuis longtemps déjà ?

J'ai écrit à Lucienne, il y a une semaine. Elle
m'a répondu par une lettre très affectueuse. Elle
est désolée de ce qui m'arrive, elle ne deman-
derait pas mieux que d'en parler avec moi, bien
qu'elle n'ait rien de spécial à me dire. Elle sug-
gère que je vienne la voir à New York, elle pourrait s'arranger pour y passer deux semaines,
nous causerions et puis ça me distrairait. Mais
je ne veux pas partir maintenant. Je veux lutter
sur place.

Quand je pense que je disais : « Je ne lutterai
pas ! »

26 février.

J'ai obéi au psychiatre, j'ai accepté un travail.
Je vais à la salle des périodiques de la Nationale
dépouiller de vieilles revues médicales pour le
compte d'un type qui écrit sur l'histoire de la
médecine. Je ne sais pas en quoi ça peut résoudre
mes problèmes. Quand j'ai mis deux ou trois
fiches à jour, je n'en tire aucune satisfaction.

3 mars.

Nous y voilà! On m'a envoyée chez le psychiatre, on m'a fait reprendre des forces avant
de m'assener le coup définitif. C'est comme ces
médecins nazis qui ranimaient les victimes pour
qu'on recommence à les torturer. Je lui ai crié :
« Nazi! Tortionnaire! » Il avait l'air accablé.
Vraiment c'était lui la victime. Il a été jusqu'à
me dire :
— Monique! aie un peu pitié de moi!
Il m'a expliqué de nouveau avec mille pré-
cautions que la cohabitation ne nous valait rien,
qu'il n'irait pas s'installer chez Noëllie, non, mais
qu'il allait prendre un petit appartement pour
lui. Ça ne nous empêcherait pas de nous voir
ni même de passer des morceaux de vacances
ensemble. J'ai dit non, j'ai crié, je l'ai insulté.
Cette fois, il n'a pas dit qu'il abandonnait son
idée.

Quelle blague, leur ergothérapie! J'ai quitté ce
travail idiot.

Je pense à la nouvelle de Poe : les murs de fer qui se rapprochent, et le pendule en forme de couteau oscille au-dessus de mon cœur. A certains moments il s'arrête, mais jamais il ne remonte. Il n'est plus qu'à quelques centimètres de ma peau.

5 mars.

J'ai raconté au psychiatre notre dernière scène. Il m'a dit : « Si vous en avez le courage, il vaudrait sûrement mieux que, pendant quelque temps au moins, vous vous éloigniez de votre mari. » Est-ce que Maurice l'a payé pour me dire ça? Je l'ai regardé bien en face.

— C'est curieux que vous ne me l'ayez pas dit avant.

— Je souhaitais que l'idée vienne de vous.

— Elle ne vient pas de moi, mais de mon mari.

— Oui. Mais tout de même vous m'en avez parlé.

Et puis il a commencé à m'embrouiller avec des histoires de personnalité perdue et retrouvée, de distance à prendre, de retour à soi. Des boniments.

8 mars.

Le psychiatre a achevé de me démoraliser. Je n'ai plus de force, je n'essaie plus de lutter. Maurice est en train de chercher un appartement meublé : il a plusieurs choses en vue. Cette fois je n'ai même pas protesté. Pourtant notre conversation a été horrible. J'ai dit sans colère — complètement abattue, vidée :

— Tu aurais mieux fait de m'avertir dès la rentrée, ou même à Mougins que tu avais décidé de me quitter.

— D'abord je ne te quitte pas.

— Tu joues sur les mots.

— Ensuite, je n'avais rien décidé.

Un brouillard a passé devant mes yeux.

— Tu veux dire que tu m'as mise à l'épreuve pendant six mois et que j'ai gâché ma chance? C'est abominable.

— Mais non. C'est de moi qu'il s'agit. J'espérais me débrouiller entre Noëllie et toi. Et je deviens dingue. Je n'arrive même plus à travailler.

— C'est Noëllie qui exige que tu t'en ailles.

— Elle ne supporte pas plus que toi la situation.

— Si je l'avais mieux supportée, tu resterais?

— Mais tu ne pouvais pas. Même ta gentillesse, ton silence me ravagent.

— Tu me quittes parce que tu souffres trop de la pitié que je t'inspire?

— Oh! je t'en prie, comprends-moi! a-t-il dit d'une voix implorante.

— Je comprends, ai-je dit.

Il ne mentait peut-être pas. Il n'était peut-être pas décidé, cet été; à froid, ça devait même lui sembler atroce l'idée de me briser le cœur. Mais Noëllie l'a harcelé. Peut-être l'a-t-elle menacé de rompre? Alors finalement il me jette par-dessus bord.

J'ai répété :

— Je comprends. Noëllie te met le marché en main. Tu me quittes, ou elle te plaque. Eh bien! elle est franchement moche. Elle aurait bien pu accepter que tu me gardes une petite place dans ta vie.

— Mais je t'en garde une, une grande.

Il hésitait : nier ou reconnaître qu'il cédait à Noëllie? Je l'ai provoqué :

— Je n'aurais jamais cru que tu céderais à un chantage.

— Il n'y a ni marché ni chantage. J'ai besoin d'un peu de solitude et de silence, j'ai besoin d'un endroit à moi : tu verras que tout ira mieux entre nous.

Il avait choisi la version qui lui paraissait devoir me faire le moins de mal. Etait-elle vraie? Je ne le saurai jamais. Ce que je sais en revanche, c'est que dans un an ou deux, quand je me serai habituée, il vivra avec Noëllie. Où serai-je? dans la tombe? dans un asile? Ça m'est égal. Tout m'est égal...

Il insiste — et aussi Colette et Isabelle, et ils ont plus ou moins manigancé ça ensemble, et peut-être même suggéré à Lucienne son invitation — pour que j'aille passer deux semaines à New York. Ça me sera moins pénible s'il déménage en mon absence, m'explique-t-on. Le fait est que quand je le verrai vider ses armoires, je ne m'en tirerai pas sans crise de nerfs. Bon Je cède encore une fois. Lucienne m'aidera peut-être à me comprendre, bien que ça n'ait plus aucune importance, à présent.

15 mars. New York.

Je ne peux pas m'empêcher d'attendre le télégramme, le coup de téléphone de Maurice qui m'annoncera : « J'ai rompu avec Noëllie » ou simplement : « J'ai changé d'avis. Je reste chez nous. » Et bien entendu, il n'arrive pas.

Dire que j'aurais été si heureuse de voir cette ville! Et je suis aveugle.

Maurice et Colette m'ont conduite à l'aéroport, j'étais bourrée de tranquillisants; Lucienne prendrait livraison de moi à l'arrivée : un bagage qu'on transbahute, une infirme, ou une demeurée. J'ai dormi, je n'ai pensé à rien et j'ai atterri dans un brouillard. Comme Lucienne est devenue élégante! plus du tout une jeune fille : une femme, très sûre de soi. (Elle qui détestait les adultes. Quand je lui disais : « Reconnais que j'ai raison », elle entrait en fureur : « Tu as tort! tu as tort d'avoir raison. ») Elle m'a conduite en voiture dans un joli appartement qu'une amie lui a prêté pour deux semaines, dans la 50° rue. Et tout en défaisant mes valises je pensais : « Je la forcerai à tout m'expliquer. Je saurai pourquoi je suis condamnée. Ça sera moins insupportable que l'ignorance. » Elle m'a dit :

— Ça te va très bien d'avoir maigri.

— J'étais trop grosse?

— Un peu. Tu es mieux.

Sa voix posée m'intimidait. Tout de même dans la soirée j'ai essayé de lui parler. (Nous buvions des dry dans un bar bruyant où il faisait terriblement chaud.)

— Tu nous a vus vivre, lui ai-je dit. Et même tu étais très critique à mon égard. N'aie pas peur de me blesser. Essaie de m'expliquer pourquoi ton père a cessé de m'aimer.

Elle a souri, avec un peu de pitié :

— Mais maman, au bout de quinze ans de mariage, c'est normal qu'on cesse d'aimer sa femme. C'est le contraire qui serait étonnant!

— Il y a des gens qui s'aiment toute leur vie.

— Ils font semblant.

— Ecoute, ne me réponds pas comme les au-

tres, par des généralités. C'est normal, c'est naturel : ça ne me satisfait pas. J'ai sûrement eu
des torts. Lesquels?

— Tu as eu le tort de croire que les histoires
d'amour duraient. Moi j'ai compris; dès que je
commence à m'attacher à un type, j'en prends
un autre.

— Alors tu n'aimeras jamais!

— Non, bien sûr. Tu vois où ça mène.

— A quoi bon vivre si on n'aime personne!

Je ne peux pas souhaiter n'avoir pas aimé
Maurice, ni même aujourd'hui ne plus l'aimer :
je voudrais qu'il m'aime.

J'ai insisté les jours suivants :

— Tout de même, regarde Isabelle, regarde
Diana; et les Couturier : il y a des mariages qui
tiennent.

— C'est une question de statistique. Quand tu
mises sur l'amour conjugal, tu prends une
chance d'être plaquée à quarante ans, les mains
vides. Tu as tiré un mauvais numéro; tu n'es pas
la seule.

— Je n'ai pas traversé l'Océan pour que tu me
dises des banalités.

— C'est si peu une banalité que tu n'y avais
jamais pensé et que tu ne veux même pas le
croire.

— Les statistiques n'expliquent pas que ça
m'arrive à moi!

Elle hausse les épaules, elle détourne la conversation, elle m'emmène au théâtre, au cinéma,
elle me montre la ville. Mais je m'acharne :

— Avais-tu l'impression que je ne comprenais
pas ton père, que je n'étais pas à la hauteur?

— A quinze ans, bien sûr, comme toutes les
fillettes amoureuses de leur père.

— Que pensais-tu exactement?

— Que tu ne l'admirais pas assez : pour moi c'était une espèce de surhomme.

— J'ai sûrement eu tort de ne pas m'intéresser davantage à ses travaux. Crois-tu qu'il m'en voulait?

— A cause de ça?

— De ça ou d'autre chose.

— Pas à ma connaissance.

— Nous nous disputions beaucoup?

— Non. Pas devant moi.

— En 55 tout de même; Colette se rappelle...

— Parce qu'elle était toujours dans tes jupes. Et elle était plus âgée que moi.

— Alors pourquoi supposes-tu que ton père me quitte?

— Souvent les hommes vers ces âges-là ont envie de commencer une vie nouvelle. Ils s'imaginent qu'elle sera nouvelle toute la vie.

Vraiment je ne tire rien de Lucienne. Pense-t-elle tant de mal de moi qu'il lui est impossible de me le dire?

16 mars.

— Tu refuses de me parler de moi : tu en penses tellement de mal?

— Quelle idée!

— Je rabâche, c'est vrai. Mais je veux voir clair dans mon passé.

— C'est l'avenir qui compte. Trouve-toi des gars. Ou prends un job.

— Non. J'ai besoin de ton père.

— Il te reviendra peut-être.

— Tu sais parfaitement que non.

Nous avons eu dix fois cette conversation. Elle aussi je l'ennuie, je l'excède. Peut-être si je la poussais à bout finirait-elle par éclater et par parler. Mais elle est d'une patience qui me décourage. Qui sait s'ils ne lui ont pas écrit pour lui exposer mon cas et l'exhorter à me supporter.

Mon Dieu! c'est si lisse une vie, c'est clair, ça coule de source, quand tout va bien. Et il suffit d'un accrochage. On découvre que c'est opaque, qu'on ne sait rien sur personne, ni sur soi ni sur les autres : ce qu'ils sont, ce qu'ils pensent, ce qu'ils font, comment ils vous voient.

Je lui ai demandé comment elle jugeait son père.

— Oh moi! je ne juge personne.

— Tu ne trouves pas qu'il s'est conduit comme un salaud?

— Franchement, non. Il se fait sûrement des illusions sur cette bonne femme. C'est un naïf. Mais pas un salaud.

— Tu penses qu'il a le droit de me sacrifier?

— Evidemment, c'est dur pour toi. Mais pourquoi devrait-il se sacrifier, lui? Moi je sais bien que je ne me sacrifierai à personne.

Elle a dit ça avec une espèce de forfanterie. Est-elle si dure qu'elle veut le paraître? Je me le demande. Elle me semble beaucoup moins sûre d'elle que je ne l'ai d'abord pensé. Hier je l'ai interrogée sur elle.

— Ecoute, je voudrais que tu sois sincère avec moi, j'en ai besoin — ton père m'a tant menti. C'est à cause de moi que tu es partie pour l'Amérique?

— Quelle idée!

— Ton père en est persuadé. Et il m'en veut énormément à cause de ça. Je sais bien que je te pesais. De tout temps je t'ai pesé.

— Disons plutôt que je ne suis pas douée pour la vie de famille.

— C'était ma présence que tu ne supportais pas. Tu es partie pour te libérer de moi.

— N'exagérons rien; tu ne m'opprimais pas. Non : j'ai seulement voulu savoir si je pouvais voler de mes propres ailes.

— Tu le sais maintenant.

— Oui, je sais que je peux.

— Tu es heureuse?

— Ça, c'est un de tes mots. Il n'a pas de sens pour moi.

— Alors, c'est que tu n'es pas heureuse.

Elle a dit d'un ton agressif :

— Ma vie me convient parfaitement.

Travail, sorties, brèves rencontres : je trouve cette existence aride. Elle a des brusqueries, des impatiences — pas seulement avec moi — qui me semblent trahir un malaise. Ça aussi, c'est sûrement de ma faute, ce refus de l'amour : mon sentimentalisme l'a écœurée, elle s'est travaillée pour ne pas me ressembler. Il y a quelque chose de raide, presque d'ingrat, dans ses manières. Elle m'a présenté certains de ses amis et j'ai été frappée par son attitude avec eux : toujours sur le qui-vive, distante, coupante; son rire n'a pas de gaieté.

20 mars.

Quelque chose cloche chez Lucienne. Il y a en elle, j'hésite à écrire le mot, il me fait horreur, mais c'est le seul qui convient : de la méchanceté. Critique, moqueuse, la dent dure, je l'ai toujours connue ainsi; mais c'est avec une vraie hargne qu'elle met en pièces les gens qu'elle appelle ses amis. Elle se plaît à leur dire des

vérités désagréables. En fait ce sont de simples
relations. Elle a fait un effort pour me montrer
des gens, mais en général elle vit très seule. La
méchanceté : c'est une défense; contre quoi? En
tout cas elle n'est pas la fille forte, rayonnante,
équilibrée que j'imaginais de Paris. Est-ce que
je les ai manquées toutes les deux? Non, oh
non!

Je lui ai demandé :

— Trouves-tu comme ton père que Colette a
fait un mariage idiot?

— Elle a fait le mariage qu'elle devait faire.
Elle ne rêvait qu'à l'amour, c'était fatal qu'elle
se toque du premier gars qu'elle rencontrerait.

— C'était de ma faute, si elle était comme ça?

Elle a ri, de son rire sans joie :

— Tu as toujours eu un sens très exagéré de
tes responsabilités.

J'ai insisté. Selon elle, ce qui compte dans une
enfance, c'est la situation psychanalytique, telle
qu'elle existe à l'insu des parents, presque malgré eux. L'éducation, dans ce qu'elle a de cons-
cient, de délibéré, ça serait très secondaire. Mes
responsabilités seraient nulles. Maigre consola-
tion. Je ne pensais pas avoir à me défendre d'être
coupable : mes filles, c'était mon orgueil.

Je lui ai demandé aussi :

— Comment me vois-tu?

Elle m'a regardée avec étonnement.

— Je veux dire : comment me décrirais-tu?

— Tu es très française, très *soft* comme on dit
ici. Très idéaliste aussi. Tu manques de défense,
c'est ton seul défaut.

— Le seul?

— Mais oui. A part ça tu es vivante, gaie,
charmante.

C'était plutôt sommaire, sa description. J'ai répété :

— Vivante, gaie, charmante...

Elle a paru gênée :

— Comment te vois-tu, toi?

— Comme un marécage. Tout s'est englouti dans la vase.

— Tu te retrouveras.

Non, et c'est peut-être ça le pire. Je réalise seulement maintenant quelle estime au fond j'avais pour moi. Mais tous les mots par lesquels j'essaierais de la justifier, Maurice les a assassinés; le code d'après lequel je jaugeais autrui et moi-même, il l'a renié. Je n'avais jamais songé à le contester — c'est-à-dire à me contester. Et je me demande à présent : au nom de quoi préférer la vie intérieure à la vie mondaine, la contemplation aux frivolités, le dévouement à l'ambition? Je n'en avais pas d'autre que de créer du bonheur autour de moi. Je n'ai pas rendu Maurice heureux. Et mes filles ne le sont pas non plus. Alors? Je ne sais plus rien. Non seulement pas qui je suis mais comment il faudrait être. Le noir et le blanc se confondent, le monde est un magma et je n'ai plus de contours. Comment vivre sans croire à rien ni à moi-même?

Lucienne est scandalisée que New York m'intéresse si peu. Avant, je ne sortais pas beaucoup de ma coquille mais quand je le faisais, je m'intéressais à tout : les paysages, les gens, les musées, les rues. Maintenant je suis une morte. Une morte qui a encore combien d'années à tirer? Déjà une journée, quand j'ouvre un œil, le matin, il me semble impossible d'arriver au bout. Hier dans mon bain, rien que de soulever un bras me posait un problème : pourquoi soulever un bras, pourquoi mettre un pied devant l'autre? Quand je suis seule, je reste immobile pendant des minutes sur le bord du trottoir, entièrement paralysée.

23 mars.

Je pars demain. Autour de moi, la nuit est toujours aussi épaisse. J'ai télégraphié pour demander que Maurice ne vienne pas à Orly. Je n'ai pas le courage de l'affronter. Il sera parti. Je rentre et il sera parti.

24 mars.

Voilà. Colette et Jean-Pierre m'attendaient. J'ai dîné chez eux. Ils m'ont accompagnée ici. La fenêtre était noire; elle sera toujours noire. Nous avons monté l'escalier, ils ont posé les valises dans le living-room. Je n'ai pas voulu que Colette reste dormir : il faudra bien que je m'habitue. Je me suis assise devant la table. J'y suis assise. Et je regarde ces deux portes : le bureau de Maurice; notre chambre. Fermées. Une porte fermée, quelque chose qui guette derrière. Elle ne s'ouvrira pas si je ne bouge pas. Ne pas bouger; jamais. Arrêter le temps et la vie.

Mais je sais que je bougerai. La porte s'ouvrira lentement et je verrai ce qu'il y a derrière la porte. C'est l'avenir. La porte de l'avenir va s'ouvrir. Lentement. Implacablement. Je suis sur le seuil. Il n'y a que cette porte et ce qui guette derrière. J'ai peur. Et je ne peux appeler personne au secours.

J'ai peur.

L'âge de discrétion.   7

Monologue.   85

La femme rompue.   119

DU MÊME AUTEUR

Aux Éditions Gallimard

Romans

L'INVITÉE (1943).
LE SANG DES AUTRES (1945).
TOUS LES HOMMES SONT MORTELS (1946).
LES MANDARINS (1954).
LES BELLES IMAGES (1966).
QUAND PRIME LE SPIRITUEL (1979).

Récit

UNE MORT TRÈS DOUCE (1964).

Théâtre

LES BOUCHES INUTILES (1945).

Essais — Littérature

PYRRHUS ET CINÉAS (1944).
POUR UNE MORALE DE L'AMBIGUÏTÉ (1947).
L'AMÉRIQUE AU JOUR LE JOUR (1948).
LE DEUXIÈME SEXE, I ET II (1949).
PRIVILÈGES (1955). (Repris dans la coll. Idées sous le
    titre FAUT-IL BRÛLER SADE?).
LA LONGUE MARCHE, *essai sur la Chine* (1957).

MÉMOIRES D'UNE JEUNE FILLE RANGÉE (1958).

LA FORCE DE L'ÂGE (1960).

LA FORCE DES CHOSES (1963).

LA VIEILLESSE (1970).

TOUT COMPTE FAIT (1972).

LES ÉCRITS DE SIMONE DE BEAUVOIR (1979).
par Claude Francis et Fernande Gontier.

LA CÉRÉMONIE DES ADIEUX suivi de ENTRE-
TIENS AVEC JEAN-PAUL SARTRE, août-
septembre 1974 (1981).

Témoignage

DJAMILA BOUPACHA (1962).
en collaboration avec Gisèle Halimi.

Scénario

SIMONE DE BEAUVOIR (1979), un film de Josée Dayan
et Malka Ribowska, réalisé par Josée Dayan.

Impression Brodard et Taupin
à La Flèche (Sarthe),
le 3 juillet 1997.
Dépôt légal : juillet 1997.
1er dépôt légal dans la collection : avril 1972.
Numéro d'imprimeur : 1825S-5.

ISBN 2-07-036960-9 / Imprimé en France.

83041